Vergleichung
des
gemeinen Kirchen-Rechts
mit dem
Preuß. Allgem. Land-Recht
in Ansehung
der
Ehe-Hindernisse.

Ein nothwendiges Hülfsbuch für Rechts-Gelehrte
und Pfarr-Geistliche,
besonders
in Provinzen gemischten Glaubens-Bekenntnisses.

Von
Dr. Daniel,
ICtus et Theologus.

Berlin, 1823.
Gedruckt und verlegt
bei G. Reimer.

Inhalt.

Einleitung.

Durch den Apostel der Deutschen, den heiligen Bonifacius, Erzbischof von Mainz, der unter den Friesen seinen Märtirer-Tod fand, ward das nördliche Deutschland, — von dem seit den römischen Einfällen die Geschichte geschwiegen hatte — wieder aufs neue bekannt. Karl der Große erweiterte durch Verbreitung des Christenthums hier die Gränzen der Civilisation, und durch Heinrich den Städte-Erbauer ward das große Werk vollendet.

So wie die Eroberer der neuern Zeit ihre Fortschritte mit Waffen-Plätzen und Militair-Gouvernements bezeichnen; so gründete der damalige Geist der Zeit Klöster und Bisthümer zur Sicherung jeder neuen Eroberung.

Bei der unmittelbaren Verbindung der Bischöfe mit dem Pabst, als Oberhaupt der Kirche, war es natürlich, daß die meisten die Landeshoheit an sich behielten, als Deutschland sich zum Wahlreich umbildete, und der Zusammenhang zwischen Kaiser und Reich immer loser wurde. Es konnten daher Streitigkeiten zwischen der weltlichen und geistlichen Macht nicht ausbleiben. Doch Calix II. setzte es bei Heinrich V. 1122 durch, daß im Wormser Concordat der Kaiser auf die Ernennung der Bischöfe Verzicht leistete. Die Capitel wählten, die Päbste bestättigten, und die Kaiser erfüllten die Förmlichkeiten der Belehnung mit der weltlichen Herrschaft. Hiebei mußte natürlich neben den kirchlichen Lehren auch das Kirchen-Recht an Ansehen gewinnen, und bald war dies das gemeine Recht besonders in Nord-Deutschland; und wenn auch nebenher nach und nach die Landrechte und Stadtrechte sich ausbildeten, so war doch die Abweichung von dem Kirchen-Recht nur unbedeutend; und die Errichtung des Reichs-Kammergerichts schien auch solchen Abweichungen Schranken zu setzen.

Auf einmal trat grade in der Haupt-Kolonie der Kirche in Nord-Deutschland die Reformation ein, und der Religionsfriede schied das deutsche Reich in das Corpus Evangeliorum et Catholicorum, in welchem letztern Kur-Mainz, und im erstern anfänglich Kur-Sachsen das Directorium führte. Dieser aber, so wie der westphälische Friede von 1648, hatte mehr nur auf die Verhältnisse der Reichs-Stände unter sich Bezug, als auf das Verhältniß des Staats zur Kirche, noch weniger aber auf die privatrechtlichen Verhältnisse. Denn nach dem Normal-Jahr von 1624 waren größtentheils die gesammten Territorien mit ihren Landesherren entweder ganz katholisch oder evangelisch, und wo ja gemischte Confeßionen statt fanden; ward entweder die Minorität weniger beachtet, oder jeder Parthey eignes Recht zugestanden. Als aber nach und nach katholische

Länder mit evangelischen oder umgekehrt, verbunden worden, wie z. B. durch die Julich'sche Erbschaft, da ward es nothwendig, die jedesmaligen Verhältnisse durch besondre Traktaten festzusetzen; oder als das zum Theil katholische Schlesien mit Preußen vereinigt ward, reichte die Kraft der damaligen Regierung hin, diese Verhältnisse selbst zu bestimmen; da die Kirche wohl einsah, daß sie, um etwas zu behalten, in andern Stücken nachgeben mußte.

Unterdeß bildete sich die bürgerliche Gesetzgebung immer mehr aus, und zwar in den evangelischen Ländern um so rascher, je weniger man sich an das bestehende gemeine Recht gebunden glaubte. Die Abweichungen von demselben mußten aber um so bedeutender werden, je mehr man den verschiedenen Landesherren die Rechte des päbstlichen Stuhls in Sachen der Kirchen-Verwaltung einräumte, doch auch in der deutschen katholischen Kirche selbst fanden Bewegungen statt, welche den römischen Einfluß zu untergraben drohten. Schon 1769 vereinigten sich die drei geistlichen Kurfürsten zu Coblenz, um sich der päbstlichen Nuntien in Deutschland zu entledigen; dies hatte jedoch keinen weitern Fortgang. Allein 1786 vereinigten sie sich mit dem Erzbischof von Salzburg auf dem Congreß zu Ems und trugen ihre Beschwerden dem Pabst vor. Dieser aber widerlegte die damals vorherrschend gewordenen Meinungen über das Episcopal-System in der berühmten Schrift: Responsio ad Metropolitanos Germaniae super nuntiaturis apostolicis (Romae 1789.) und die Herrschaft des römischen Stuhls befestigte sich auf's neue durch die darin entwickelte Kraft, und eben sowohl auch durch die damals auf einen nähern Gegenstand allgemein gerichtete Aufmerksamkeit.

Es traten nehmlich die Umwälzungen in Frankreich ein, welche auch in Deutschland für den päbstlichen Stuhl die nachtheiligsten Folgen hatten. Die Einmischung in jene nachbarlichen Angelegenheiten endigten durch den Frieden von Lüneville so nachtheilig, daß zum Ersetz des Verlohrnen durch die Säcularisationen vollends alle unmittelbaren Bisthümer in Deutschland verlohren gingen, und damit der direkte Zusammenhang zwischen Rom und der bedeutendsten Colonie desselben, dem nördlichen Deutschland. In Folge des Reichs-Deputations-Schlusses von 1802 ward die politische Gewalt auch in Deutschland überwiegend, und wenn die Kirche auch noch durch den Verband mit Kaiser und Reich etwas zu behalten und künftig wieder zu erhalten suchte, so schwand auch diese Hoffnung durch Errichtung des Rheinbundes 1806, indem das heilige römische Deutsche Reich seinen Untergang fand, aus dessen Trümmern eine Menge Landesherren mit Souverainität hervorgingen.

Zwar haben die Wiener-Congreß-Acte, und die deutsche Bundes-Acte wieder einen festern Rechtsstand herbei geführt. Allein die Ereignisse der letzten 20 Jahre haben vollends die alte Ordnung umgekehrt. Zu katholischen Ländern sind evangelische geschlagen worden und katholische zu evangelischen. Die Verhältnisse zwischen Kirche und Staat sind daher um so verwickelter geworden. Ueberall sucht man sich zu sichern oder auszugleichen, und die Kirche, wohl wissend, daß der mistische Sinn der jetzigen Zeit am meisten seine

Ansprüche begünstigt, sucht wieder zu erhalten was verlohren, aber nie aufgegeben war.

Darum ist jetzt überall eine nicht unmerkliche Reibung unter den verschiednen Partheien, daher aber auch die Nothwendigkeit das gegenseitige Verhältniß genauer kennen zu lernen.

Preußen ist derjenige Staat deutschen Stammes, der in dieser Beziehung der wichtigste ist. Historisch, weil das Reich wenigstens zur Hälfte aus ehemals geistlichen Ländern von der Säcularisation Ost-Preußens, als deutschen Ordens-Landes, bis über Magdeburg und Münster hinaus zu den säkularisirten Kurfürstenthümern Cölln und Trier besteht. Statistisch, weil in keinem Staat eine größere Anzahl katholischer Einwohner evangelischen, und einer evangelischen Regierung gegenüber steht. Rechtlich, weil ein vollständiges Gesetzbuch in Preußen schon seit längeren Jahren einen bestimmten Rechts-Zustand gebildet hat, dessen sich andere Staaten noch nicht erfreuen können, deren Gesetzgebung noch zu neu ist. Endlich weil die Preußische Regierung sich von jeher durch Toleranz gegen alle Partheien ganz vorzüglich ausgezeichnet hat.

Unter allen Gegenständen, welche bei den Verhältnissen der bürgerlichen Gesetzgebung zu der Kirche am meisten in Betrachtung kommen, ist aber keiner wichtiger als das Ehe-Recht, und namentlich die auf die Eingehung der Ehe Bezug habenden Rechts-Verhältnisse.

Wenn wir daher versuchen, hier bei einem Theile des Eherechts, den Ehehindernissen, eine Vergleichung des preußischen Landrechts mit dem gemeinen Kirchenrecht anzustellen; so hoffen wir dem Pfarr-Geistlichen sowohl als dem Rechts-Gelehrten für vorkommende Fälle Andeutungen gegeben zu haben, welche in einer solchen Gegeneinanderstellung noch nicht vorhanden sind. Besonders aber hoffen wir, daß dieser Versuch gelehrtere Männer veranlassen möge, die so nothwendige Vergleichung des gemeinen Kirchenrechts mit dem Preußischen Allgemeinen Landrecht weiter auszudehnen.

Vergleichung des gemeinen Kirchen=Rechts und des Preußischen Land=Rechts in Ansehung der Ehe=Hindernisse.

Allgemeine Grundsätze über die Verhältnisse der Kirche zum Staat.

Um beurtheilen zu können, von welchen Grundsätzen das gemeine Kirchen=Recht und das Preußische allgemeine Landrecht in Ansehung der Ehe=Gesetze ausgeht, ist es nothwendig, die allgemeinen Bestimmungen beider, über Kirche überhaupt, und über ihr Verhältniß zum Staat insbesondere, vorauszuschicken; und müssen wir dabei in Ansehung des preußischen Gesetzbuches bemerken, daß es zu einer Zeit entworfen worden ist, wo schon seit längern Jahren das zum Theil katholische Schlesien, und das ganz katholische Westpreußen dem Staate einverleibt war, daß mithin auf die Verhältnisse der katholischen Unterthanen um so mehr Rücksicht genommen worden ist, als dabei die Gutachten der Bischöfe zu Breslau, Culm und Ermeland benutzt worden sind, und die Preußische Regierung sich von jeher durch eine solche Toleranz ausge=

zeichnet hat, daß sie sogar den Jesuiter-Orden beibehielt, als er in allen katholischen Ländern ausgerottet ward; ohnerachtet der Pabst durch seine Wiederherstellung anerkannt hat, daß in der Consequenz dieses Ordens das kräftigste Mittel zur Verbreitung der kirchlichen Macht beruhte. In Ansehung des gemeinen Kirchen-Rechts bemerken wir, daß wir hauptsächlich dem neusten katholischen Lehrer desselben auf einer preußischen Universität, dem Professor Ferdinand Walter zu Bonn, gefolgt sind.

Dies vorausgeschickt, sind die allgemeinen Grundsätze des allgemeinen Landrechts für die Preußischen Staaten folgende:

Theil II. Eilfter Titel,

Von den Rechten und Pflichten der Kirchen- und geistlichen Gesellschaften.

Allgemeine Grundsätze.

§. 1. Die Begriffe der Einwohner des Staats von Gott und göttlichen Dingen, der Glaube und der innere Gottesdienst, können kein Gegenstand von Zwangsgesetzen seyn.

§. 2. Jedem Einwohner im Staate muß eine vollkommene Glaubens- und Gewissens-Freyheit gestattet werden.

§. 3. Niemand ist schuldig, über seine Privatmeinungen in Religionssachen Vorschriften vom Staate anzunehmen.

§. 4. Niemand soll wegen seiner Religionsmeinungen beunruhigt, zur Rechenschaft gezogen, verspottet, oder gar verfolgt werden.

§. 5. Auch der Staat kann von einem einzelnen Unterthan die Angabe: zu welcher Religionsparthey sich derselbe bekenne, nur alsdann fordern, wenn die Kraft und Gültigkeit gewisser bürgerlichen Handlungen davon abhängt.

§. 6. Aber selbst in diesem Falle können mit dem Geständnisse abweichender Meinungen nur diejenigen nachtheiligen Folgen für den Gestehenden verbunden werden, welche aus seiner, dadurch, vermöge der Gesetze, begründeten Unfähigkeit zu gewissen bürgerlichen Handlungen oder Rechten von selbst fließen.

§. 7. Jeder Hausvater kann seinen häuslichen Gottesdienst nach Gutfinden anordnen.

§. 8. Er kann aber Mitglieder, die einer andern Religionsparthey zugethan sind, zur Beiwohnung desselben wider ihren Willen nicht anhalten.

§. 9. Heimliche Zusammenkünfte, welche der Ordnung und Sicherheit des Staats gefährlich werden könnten, sollen, auch unter dem Vorwande des häuslichen Gottesdienstes nicht geduldet werden.

Religions-Gesellschaften.

§. 10. Wohl aber können mehrere Einwohner des Staats, unter dessen Genehmigung, zu Religionsübungen sich verbinden.

Kirchen-Gesellschaften.

§. 11. Religions-Gesellschaften, welche sich zur öffentlichen Feyer des Gottesdienstes verbunden haben, werden Kirchen-Gesellschaften genannt.

Geistliche Gesellschaften.

§. 12. Diejenigen, welche zu gewissen andern besondern Religionsübungen vereinigt sind, führen den Namen der geistlichen Gesellschaften.

Erster Abschnitt.

Von Kirchen-Gesellschaften überhaupt.

Grundsatz.

§. 13. Jede Kirchen-Gesellschaft ist verpflichtet, ihren Mitgliedern Ehrfurcht gegen die Gottheit, Gehorsam gegen die Gesetze, Treue gegen den Staat und sittlich gute Gesinnungen gegen ihre Mitbürger einzuflößen.

Unerlaubte Kirchen-Gesellschaften.

§. 14. Religions-Grundsätze, welche diesem zuwider sind, sollen im Staate nicht gelehrt, und weder mündlich, noch in Volksschriften ausgebreitet werden.

§. 15. Nur der Staat hat das Recht, dergleichen Grundsätze nach angestellter Prüfung zu verwerfen, und deren Ausbreitung zu untersagen.

§. 16. Privatmeinungen einzelner Mitglieder machen eine Religions-Gesellschaft nicht verwerflich.

Oeffentlich Aufgenommene.

§. 17. Die vom Staate ausdrücklich aufgenommenen Kirchen-Gesellschaften haben die Rechte privilegirter Corporationen.

§. 18. Die von ihnen zur Ausübung ihres Gottesdienstes gewidmeten Gebäude werden Kirchen genannt, und sind als privilegirte Gebäude des Staats anzusehen.

§. 19. Die bei solchen Kirchengesellschaften zur Feyer des Gottesdienstes und zum Religions-Unterrichte bestellten Personen, haben mit andern Beamten im Staate gleiche Rechte.

Verhältniß der Kirchen-Gesellschaften gegen den Staat.

§. 27. Sowohl öffentlich aufgenommene, als bloß geduldete Religions- und Kirchen-Gesellschaften müssen sich, in allen Angelegenheiten, die sie mit andern bürgerlichen Gesellschaften gemein haben, nach den Gesetzen des Staats richten.

§. 28. Diesen Gesetzen sind auch die obern und die einzelnen Mitglieder, in allen Vorfällen des bürgerlichen Lebens unterworfen.

§. 29. Soll denselben, wegen ihrer Religionsmeinungen, eine Ausnahme von gewissen Gesetzen zu statten kommen, so muß dergleichen Ausnahme vom Staate ausdrücklich zugelassen seyn.

§. 30. Ist dieses nicht geschehen, so kann zwar der Anhänger einer solchen Religionsmeinung etwas gegen seine Ueberzeugung zu thun nicht gezwungen werden.

§. 31. Er muß aber die nachtheiligen Folgen, welche die Gesetze mit ihrer unterlassenen Beobachtung verbinden, sich gefallen lassen.

§. 32. Die Privat- und öffentliche Religionsübung einer jeden Kirchen-Gesellschaft ist der Ober-Aufsicht des Staats unterworfen.

§. 33. Der Staat ist berechtigt, von demjenigen, was in den Versammlungen der Kirchen-Gesellschaft gelehrt und verhandelt wird, Kenntniß einzuziehen.

§. 34. Die Anordnung öffentlicher Bet-, Dank- und anderer außerordentlichen Festtage, hängt allein vom Staate ab.

§. 35. In wie fern die bereits angeordneten Kirchenfeste mit Einstellung aller Handarbeiten und bürgerlichen Gewerbe begangen werden sollen, oder nicht, kann nur der Staat bestimmen.

Verhältniß gegen andere Kirchen-Gesellschaften.

§. 36. Mehrere Kirchen-Gesellschaften, wenn sie

gleich zu einerlei Religionsparthey gehören, stehen dennoch unter sich in keiner nothwendigen Verbindung.

§. 37. Kirchen-Gesellschaften dürfen so wenig, als einzelne Mitglieder derselben, einander verfolgen oder beleidigen.

§. 38. Schmähungen und Erbitterung verursachende Beschuldigungen müssen durchaus vermieden werden.

§. 40. Jedem Bürger des Staats, welchen die Gesetze fähig erkennen, für sich selbst zu urtheilen, soll die Wahl der Religionspartey, zu welcher er sich halten will, frei stehn (Tit. II. §. 74. sqq.)

§. 41. Der Uebergang von einer Religionspartey zu der andern geschieht in der Regel durch ausdrückliche Erklärung.

§. 42. Die Theilnehmung an solchen Religionshandlungen, wodurch eine Partey sich von der andern wesentlich unterscheidet, hat die Kraft einer ausdrücklichen Erklärung, wenn nicht das Gegentheil aus den Umständen deutlich erhellet (§. 39.).

§. 43. Keine Religionspartey soll die Mitglieder der andern durch Zwang oder listige Ueberredungen zum Uebergange zu verleiten sich anmaßen.

§. 44. Unter dem Vorwande des Religionseifers darf niemand den Hausfrieden stören, oder Familienrechte kränken.

§. 45. Keine Kirchen-Gesellschaft ist befugt, ihren Mitgliedern Glaubensgesetze wider ihre Ueberzeugung aufzudringen.

§. 46. Wegen der äußern Form und Feyer des Gottesdienstes kann jede Kirchen-Gesellschaft dienliche Ordnungen einführen.

§. 47. Dergleichen Anordnungen müssen jedoch dem Staate zur Prüfung, nach dem §. 13. bestimmten Grundsatze, vorgelegt werden.

§. 48. Nach erfolgter Genehmigung haben sie mit andern Polizeigesetzen gleiche Kraft und Verbindlichkeit.

§. 49. Sie können aber auch ohne Genehmigung des Staats nicht verändert, noch wieder aufgehoben werden.

§. 50. Jedes Mitglied einer Kirchen-Gesellschaft ist schuldig, sich der darin eingeführten Kirchenzucht zu unterwerfen.

§. 51. Dergleichen Kirchenzucht soll bloß zur Abstellung öffentlicher Aergernisse abzielen.

§. 52. Sie darf niemals in Strafen, an Leib, Ehre, oder Vermögen der Mitglieder ausarten.

§. 53. Sind dergleichen Strafen zur Aufrechthaltung der Ordnung, Ruhe und Sicherheit in der Kirchen-Gesellschaft nothwendig: so muß die Verfügung der vom Staate gesetzten Obrigkeit überlassen werden.

§. 54. Wenn einzelne Mitglieder durch öffentliche Handlungen eine Verachtung des Gottesdienstes und der Religionsgebräuche zu erkennen geben, oder andre in ihrer Andacht stöhren, so ist die Kirchen-Gesellschaft befugt, dergleichen unwürdigen Mitgliedern, so lange sie sich nicht bessern, den Zutritt in ihre Versammlungen zu versagen.

§. 55. Wegen bloßer von dem gemeinen Glaubensbekenntnisse abweichenden Meinungen, kann kein Mitglied ausgeschlossen werden.

§. 56. Wenn über die Rechtmäßigkeit der Ausschließung nachtheilige Folgen für die bürgerliche Ehre des Ausgeschlossenen verbunden sind, muß vor deren Veranlassung die Genehmigung des Staats eingeholt werden.

So weit das Preußische Allgemeine Landrecht.

Ganz anders ergeben sich aber diese Verhältnisse nach den Begriffen des

gemeinen Kirchen-Rechts.

Hiernach betrachtet sich die Kirche als eine vom Staat ganz getrennte Anstalt, und wenn sie auch die mehr freilich nur ausgeübte als anerkannte Oberherrschaft über die gesammte Christenheit seit dem vierzehnten Jahrhundert verlohren hat, so sucht sie sich doch noch so unabhängig von der weltlichen Macht als möglich zu erhalten, so daß wenn auch die Uebermacht kräftiger Fürsten auf einige Zeit die Kirche nöthigt, ihre Ansprüche nach den Umständen zu beschränken, sie doch stets mit fester Einheit und Consequenz den Augenblick erwartet, das Verlohrne zum Besten der Kirche und ad majorem dei gloriam wieder zu erlangen.

Begriffe der katholischen Kirche überhaupt.

Die Kirche ist nach Schenkels Kirchen-Recht *) Societas hominum eandem Religionem profitentium; in qua, ut ipsa sit perfecta, jus sacrorum, seu sacrum imperium adsit, necesse est; neque enim imperium hoc sacrum cum civili necessario nectitur. Das Wesen der Kirche wird nicht aus einem Gesellschafts-Vertrag,

---

*) P. Mauri Schenkel Institutiones Juris ecclesiastici. Coloniae 1791. Caput. 1. §. 15. Tom. I.

sondern aus der unmittelbaren Anordnung des Stifters der christlichen Religion hergeleitet, welcher zugleich die Kirche nach Walter *) gestiftet, deren Grundzüge daher unveränderlich sind. Indem nehmlich die katholische Kirche seit den ältesten Zeiten, sowohl die Glaubenslehren wie die Verfassung der ursprünglichen Kirche in der ununterbrochenen Reihenfolge ihrer Vorsteher aufbewahrt hat, und also der Hauptsache nach noch immer Eins mit derselben ist: so legt sie sich auch alle die Eigenschaften bei, welche letzterer ausdrücklich verheißen sind, oder welche nach der Natur einer positiven Offenbarung nicht anders seyn können. So wie nun die geoffenbarte Religion allgemein, überall dieselbe und ausschließlich wahr seyn muß: so nennt sich auch die Kirche als das Organ derselben: 1) die allgemeine (καθολικη) Kirche, d. h. sie gehört keinem besondern Volke an, wie die jüdische und andre Staats-Religionen des Alterthums: vielmehr nimmt sie alle Völker in sich auf. 2) Sie ist die Eine Kirche (ecclesia una) d. h. ihre Lehre ist zeitlich und örtlich betrachtet immer dieselbe, und ihre einzelnen Glieder stehen mit dem Ganzen in der genauesten verfassungsmäßigen Verbindung. Die Einheit der Lehre ist aber nur von den Dogmen zu verstehen, weil bei diesen die Kirche überhaupt nicht als Gesetzgeberin, sondern nur bewahrend und auslegend verfahren darf. Anders ist es bei Disciplinargesetzen, wobei die Kirche nach eignem Er-

*) Lesebuch des Kirchenrechts mit Berücksichtigung der neusten Verhältnisse von Dr. Ferdinand Walter, Professor zu Bonn. 1822. bei Markus.

messen handelt, und welche daher nach den wechselnden Zeiten und Sitten verschieden seyn können; z. B. das Cölibat der Geistlichen. Die Einheit der Verfassung besteht in der Vereinigung unter einem kirchlichen Oberhaupt: auch dienen dazu passende Symbole, z. B. die gemeinsame Kirchensprache. Diejenigen, welche bloß die Einheit der Verfassung, nicht aber der Lehre verletzen, werden Schismatiker genannt. 3) Sie ist die allein seligmachende Kirche. Giebt man nämlich eine positive Offenbarung zu, so liegt darin nothwendig, daß von derselben auch nicht ein Theil abgehen darf, weil man nicht annehmen kann, daß Gott etwas Ueberflüssiges gesagt habe; eben so wenig darf sie einen Zusatz erhalten, weil dieses allmälig von der ganzen geoffenbarten Lehre abführen würde. Eine Kirche, die sich mit dem lebendigsten Glauben eine Offenbarung zum Grunde legt, muß also jede andre Kirche neben ihr, welche mehr oder weniger enthält, für unvollkommen erklären; es steht selbst nicht in ihrer Gewalt, dieser zweiten eine gültige Existenz zuzugestehen, weil sie sonst auch eine minder vollständige oder eine verunstaltete Offenbarung für eben so sicher zum Zwecke führend erklärte, dadurch aber ihre eigne Grundlage zernichtete, und den Indifferentismus frei gebe. Vollkommenheit einer Religionslehre heißt aber doch nichts anders, als die sicherste Anleitung zur Seligkeit. Also ist jener Satz von der allein seligmachenden Kirche richtig verstanden nichts anders, als die consequente feierliche Bezeugung der katholischen Kirche, daß in ihr die geoffenbarte Religion rein und vollständig enthalten sey.

Ueber das

Verhältniß der Kirche zum Staat

bestimmt schon das römische Recht *): Maxima quidem in hominibus sunt dona Dei a superna collata clementia Sacerdotium et Imperium: et illud quidem divinis ministrans, hoc autem humanis praesidens ac diligentiam exhibens; ex uno eodemque principio utraque procedentia humanam exornant vitam. Bestimmter lehrt hierüber das Kirchenrecht nach Schenkel **): Ecclesiae et civitatis proprium sibi finem; illa spiritualem animarum, haec veram hujus vitae temporalem felicitatem praefixum habet; unde altera ab altera independens, et qualibet in suo ordine summa est. Tamen finis spiritualis ceu nobilior ceteris paribus est praeferendus alteri, et caeteris paribus semper praeferendus. Uebrigens wird, was die Gottes-Verehrung allein betrifft, alles hierzu gehörige der Kirchen-Gewalt ausschließlich untergeordnet, weil aber dieser Begriff sehr ausdehnend erklärt werden kann, ist in dogmaticis imo et disciplinaribus, quantum haec reipublicae innoxia sunt, den Landesherren zugestanden: solum advocatiae et protectionis jus.

Dies führt Walter ***) folgendermaßen weiter aus:

Wiewohl der Staat, von der mechanischen Seite aufgefaßt, blos als eine äußere Zwangsanstalt erscheint,

*) Nov. 6. praef.

**) Sect. II. Cap. 1. u. 2. Tom. I.

***) §. 24. a. a. O.

so ist es doch vorzüglich die Gesinnung, welche ihm Leben, Zusammenhang und einen sittlichen Character ertheilt, indem sie den Zwang durch freiwillige Pflichterfüllung entbehrlich macht. Da nun der Grund aller Pflicht zuletzt aus der Religion hergeholt werden muß; so ist die Religion die eigentliche Begründung des Staats; und die Kirche als das Organ der Religion, und die Erzieherin des Gewissens ist die nothwendige Ergänzung desselben in allen Theilen, wo er auf der Gesinnung beruht. So gewiß nun die Freiheit über dem Zwang, der Geist über der Mechanik steht; so gewiß steht die Kirche als Idee, über der Idee des Staats. Aeußerlich muß dieses um so schärfer hervortreten, je öfter die Kirche bei der Verwilderung des Staats zur Anwendung ihrer höhern Gesetze Gelegenheit findet, wie man dieses im Mittelalter nicht verkennen wird. Eine Entzweiung war deswegen nicht vorhanden; vielmehr eine Vereinigung, indem jedes in seinem Wesen anerkannt wurde. Hierauf beruhte auch die Einrichtung des heiligen römischen Reiches, gleichsam die weltliche Grundlage der großen christlichen Republik. In der That geht das neuere Kirchenstaatsrecht meistens darauf hin, Bedrückung oder Mißtrauen zu organisiren: namentlich so bei den österreichischen Canonisten aus den Zeiten Josephs II. *). Man muß aber dabei fragen, welche Gewährleistung man denn gegen die Mißbräuche des Staa-

*) J. v. Müllers Fürstenbund. Sobald Kaiser Joseph II. seyn wird, wie einer der Jünger, wird Pabst Pius VI. das Abendmahl halten, wie Christus unser Herr. Zu derselben Zeit wird auch der Mundkoch nicht mehr credenzen.

tes hat? — Da die öffentliche Moral der germanischen Völker noch die christliche ist und seyn muß; so kann der Staat auch in der jetzigen Zeit sich nicht völlig gegen die Kirche verschließen. Hingegen ist die frühere Stellung der Kirche gegen den Staat von selbst weggefallen. Also soll jetzt jedes frei seyn, auf und in seinem Gebiete; der Staat aber soll die Stimme der Kirche hören, wenn er etwas gegen das christliche Gesetz unternimmt, und die Kirche soll ihre Beschlüsse dem Staate mittheilen, um nicht mit der bürgerlichen Ordnung in Widerspruch zu gerathen. Die Kirche soll den Staat unterstützen, durch Einbürgerung der Gesinnung; und der Staat die Kirche durch die Achtung gegen ihre Diener und ihre Einrichtungen.

Nach Vorstehendem ist natürlich, daß auch die Lehre von der Kirchen-Gewalt, nach dem gemeinen canonischen Recht weit umfassender ist, als nach dem preuß. Landrecht. Schenkel *) sagt darüber: Christus novam religionem instituit, et ecclesiam, a civili republica prorsus distinctam, sacroque praeditam imperio. Diese Gewalt wird beschrieben, als Imperium mere sacrum, a civili distinctum, summum et independens est. Die Art dieser Gewalt wird bezeichnet: als aristokratisch monarchisch **).

Die Kirchengewalt im weitern Sinn (potestas ecclesiastica) ist der Inbegriff der Rechte, welche der Kirche ihrem Wesen und Zweck nach zustehen. In ihr

*) Capit. a. Theil 2.

**) Walter a. a. O. §. 14.

liegen zwei verschiedene Bestandtheile, deren Gegensatz für das Kirchenrecht von durchgreifender Wichtigkeit ist. Der Eine betrifft das Recht, die wesentlichen Religionshandlungen zu versehen (potestas ordinis s. ministerii: das Priesterthum), dahin gehört namentlich das Lehren und Predigen, die Verwaltung der Sacramente, und die Verrichtung des Meßopfers. Der Andre umfaßt alle Rechte, welche zur Erhaltung der kirchlichen Disciplin nothwendig sind (potest. jurisdictionis potestas ecclesiastica in specie, die Kirchengewalt im engern Sinn). Dahin gehört die Gesetzgebung, die Besetzung der Kirchenämter, die Oberaufsicht, die richterliche und Strafgewalt in den geeigneten Fällen (jurisdictio ecclesiastica in specie). Beide Arten der Kirchengewalt finden ihre Verleihung in den ausdrücklichen Worten des Erlösers, und können nur durch die Ordination erworben werden. Uebrigens aber bestehen zwischen ihnen die größten Verschiedenheiten. Die pot. ordinis nämlich wirkt vermöge eines göttlichen Auftrags, wobei der Mensch nur als Werkzeug zu betrachten ist, und also aus sich selbst nichts bestimmen kann. Deswegen kommt es auf die Gesinnung und persönliche Eigenschaft desselben nicht an, wenn die Handlung im Uebrigen gehörig vollzogen ist. Daher z. B. die Gültigkeit der Ketzertaufe, der Ordination durch ketzerische Bischöfe. Die pot. jurisdictionis hingegen handelt blos nach menschlicher Einsicht und Anordnung; ihre Verfügungen können daher nichtig gemacht, oder einem dritten übertragen werden.

Ueber die Verhältnisse der katholischen Kirche

zu andern Kirchen-Gesellschaften, lassen wir am besten die eignen Worte Walters *) folgen:

Die richtige Begränzung zwischen Staat und Kirche vorausgesetzt, wird es leicht seyn, sich über die so vielfach in Anspruch genommenen Punkte, Gewissensfreiheit und Toleranz zu verständigen. Unter jener versteht man die Möglichkeit, in Religionssachen sich ein eignes Urtheil zu bilden, und dieses zu befolgen. Betrachtet man diese Möglichkeit blos als Thatsache; so kann sie niemand entzogen werden, weil das Denken durch keine Macht unterdrückt werden kann. Nimmt man sie aber als ein Recht; so müßte diesem die Pflicht der Kirche entsprechen, in ihren Mitgliedern auch eine von dem Kirchenglauben etwa abweichende Ueberzeugung als erlaubt anzuerkennen. So widersinnig es aber wäre, dem Staate zuzumuthen, daß er eine revolutionäre Gesinnung seiner Bürger für rechtlich möglich erklärte, so wenig kann die Kirche einen Grundsatz aufstellen, wodurch sie ihre eigne Grundlage, die Einheit des Glaubens, aufhebt. Hieraus folgt also, daß von dem Gesichtspunkt der Kirche aus, niemals die Gewissens-Freiheit als Grundsatz ausgesprochen werden kann, vielmehr wird und muß sie, vermöge des Glaubens an ihre Wahrheit, eine von ihr abweichende Ueberzeugung, entweder ausdrücklich oder durch die That als Irrthum erklären, jedes andere wäre Indifferentismus. Das weitere Benehmen gegen den Irrthum führt nun zu der Lehre von der Toleranz, wobei man wieder den kirchlichen und den bürgerlichen Gesichtspunkt unterscheiden muß. Aus

*) §. 36. a. a. O.

den obigen Gründen kann aber von einer kirchlichen oder theologischen Toleranz nicht die Rede seyn, weil die Kirche um ihrer Selbsterhaltung willen immer den Irrthum zu bekämpfen, und den Irrenden zurückzuführen suchen muß. Allerdings ist es aber hiebei christliche Pflicht, sich keiner andrer Mittel als derjenigen, welche auf die innere Ueberzeugung wirken, zu bedienen. Die bürgerliche Toleranz wird wieder in die öffentliche und Privatduldung eingetheilt. Letztere umfaßt das Verhältniß des einzelnen Menschen zu dem andern, welches ohne alle Rücksicht auf Religionsverschiedenheit nach dem Grundsatz der Nächstenliebe beurtheilt werden sollte. Die öffentliche Duldung betrifft das Verhältniß des Staats zu den Religionsgesellschaften andern Glaubens. Hiebei kann sich der Staat entweder so verhalten, daß er bloß eine Kirche für die herrschende erklärt, und die übrigen entweder gar nicht oder nur beschränkt zuläßt; oder so, daß er alle drei christliche Confessionen mit gleichen Rechten aufnimmt; oder endlich so, daß er auch den nicht christlichen Religionen das Bürgerrecht ertheilt. Das Nähere beruht auf Staatsverträgen, und selbst auf dem Geist jedes Zeitalters.

In Ansehung der Verwaltung der kirchlichen Angelegenheiten, oder des

Kirchen-Regiments

verordnet das Preuß. Allgem. Landrecht Th. II. Tit. 11. folgendes:

Dritter Abschnitt.

Von den Obern und Vorgesetzten der Kirchengesellschaften.

§. 113. Die dem Staate über die Kirchengesellschaften nach den Gesetzen zukommenden Rechte, werden von dem geistlichen Departement (jetzt dem Ministerium der geistlichen Angelegenheiten) in sofern verwaltet, als sie nicht dem Oberhaupte des Staats ausdrücklich vorbehalten sind.

§. 114. Außerdem aber stehen die Kirchengesellschaften einer jeden vom Staate aufgenommenen Religionspartei, unter der Direction ihrer geistlichen Obern.

§. 115. Bei den katholischen Glaubensgenossen ist der Bischof der gemeinschaftliche Vorgesetzte aller Kirchengesellschaften des ihm angewiesenen Distrikts.

§. 116. Ohne ausdrückliche Genehmigung des Staats, kann keine Kirchengesellschaft von dieser Unterordnung gegen den Bischof der Diözes ausgenommen werden.

Verhältniß derselben gegen den Staat.

§. 117. Kein Bischof darf in Religions- und Kirchenangelegenheiten, ohne Erlaubniß des Staats neue Verordnungen machen, oder dergleichen von fremden geistlichen Obern annehmen.

§. 118. Alle päbstliche Bullen, Breven, und alle Verordnungen auswärtiger Obern der Geistlichkeit, müssen vor ihrer Publikation und Vollstreckung dem Staate zur Prüfung und Genehmigung vorgelegt werden.

§. 119. Diejenige Gerechtsame über die Kirchengesellschaften, welche nach den Gesetzen dem Staate vorbehalten sind, kann der Bischof nur in sofern ausüben, als ihm eine oder die andere derselben von dem Staate ausdrücklich verliehen worden.

Diözesanrechte.

§. 120. Ohne Zuthun und Approbation des Bischofs der Diözes, oder dessen Vikarien, soll niemand zum Priester aufgenommen, zu einem geistlichen Amte befördert, oder auch nur zum öffentlichen Lehrvortrage in einer Kirchengemeine zugelassen werden.

§. 121. Dem Bischof gebührt die Aufsicht über die Amtsführung, Lehre und Wandel der seiner Diözes unterworfenen Geistlichen.

§. 122. Diese sind ihm Ehrfurcht, und in Angelegenheiten ihres geistlichen Amts Gehorsam schuldig.

§. 123. Der Bischof ist berechtigt, bei den Kirchen seiner Diözes, so oft er es nöthig findet, Visitationen vorzunehmen.

§. 124. Die Rechte der Kirchenzucht gebühren nur dem Bischofe.

§. 125. Vermöge dieses Rechts kann er die ihm untergeordneten Geistlichen durch geistliche Bußübungen, durch kleine, den Betrag von zwanzig Thalern nicht übersteigende Geldbußen, oder auch durch eine die Dauer von vier Wochen nicht übersteigende Gefängnißstrafe; zum Gehorsame, und zur Beobachtung ihrer Amtspflichten anhalten.

§. 126. Geistliche katholischer Religion, die sich in ihrer Amtsführung grober Vergehungen schuldig gemacht haben, müssen nach dem Erkenntnisse des geistlichen Gerichts bestraft werden.

§. 127. Langwieriges Gefängniß (§. 125.) und andere körperliche Strafen; ist weder der Bischof, noch ein geistliches Gericht, zu verhängen berechtigt.

§. 128. In weltlichen Angelegenheiten der Geistlichen kann sich der Bischof nur in so weit einer Gerichtsbarkeit, und eines Erkenntnisses anmaßen, als ihm das Recht dazu vom Staate ausdrücklich verliehen worden.

§. 129. Auch über ein Privatinteresse, welches bei Gelegenheit einer Amtshandlung entstanden ist, gebührt das Erkenntniß in der Regel den weltlichen Gerichten.

Das Widerstreben mancher Geistlichen gegen die weltliche Gewalt, hat in der neusten Zeit strengere Maaßregeln herbeigeführt, und namentlich die Cabinetsordre vom 12ten April 1822 veranlaßt, in welcher verordnet ist: *)

1) Gegen die, nach §. 532. Th. II. Tit. 11. des allgemeinen Landrechts von den geistlichen Obern, resp. von den Konsistorien und Regierungen angedeutete Entsetzung eines Pfarrers, wegen begangener Exzesse in seinem Amte, soll der im §. 533. l. c. begründete Antrag auf förmliche gerichtliche Untersuchung und Entscheidung nicht mehr statt finden; sondern nur ein Rekurs an den Minister der geistlichen und Unterrichts-Angelegenheiten.

2) In diesem, so wie in allen Fällen, wo wegen Amtsvergehen die Versetzung oder Amtsentsetzung eines Geistlichen, oder eines bei einer öffentlichen Unterrichtsanstalt angestellten Lehrers in Antrag gebracht wird, sind die gehörig instruirten Akten von der Provinzialbehörde, mittelst eines ausführlichen, das Resultat der Ausmittelungen vollständig darstellenden Berichts, mit ihrem Gutachten dem Minister der geistlichen und Unterrichts-Angelegenheiten zur weitern Entscheidung einzusenden.

---

*) Allg. Gesetz-Sammlung. 1822. S. 105.

3) Ein Gleiches muß geschehen, wenn die wegen gemeiner Vergehen gegen Geistliche und Jugendlehrer geführten gerichtlichen Untersuchungen, die Amtsentsetzung des Angeklagten zwar nicht zur Folge gehabt haben, die Provinzialbehörden aber, des vielleicht völlig absolutorischen Erkenntnisses ungeachtet, die Entsetzung oder Versetzung aus Gründen der Kirchenzucht und Dienstdisciplin für nothwendig erachtet.

4) Die Entscheidung auf diese Fälle steht Ihnen, dem Minister der geistlichen und Unterrichts-Angelegenheiten in demselben Maaße zu, wie solche in meinen frühern Ordres den damaligen höchsten Behörden dieses Verwaltungszweiges übertragen war. Ich überlasse Ihnen solche um so mehr, als nur Sie Mir für die Meinen Absichten entsprechende Verwaltung Ihres Departements verantwortlich sind, und indem Ich auf diese Art die bisherige Einrichtung abändere, stelle Ich Ihrem Pflichtgefühle anheim, in wie weit Sie die Gutachten der vortragenden Räthe in der betreffenden Abtheilung Ihres Ministeriums, welche aber in jedem Falle ihre Meinung viritim zu den Akten zu geben haben, beachten wollen. Dem Beamten, welcher demnächst durch sie entfernt oder versetzt wird, steht der Rekurs an den Staatskanzler und an Mich frei.

5) Bei Beamten, deren Ernennung zum Amte nur durch Mich erfolgen kann, muß vor der Entlassung oder Versetzung als Strafe, ein Vortrag im Staatsministerium statt finden, und letzteres demnächst Meine Entscheidung einholen.

Die von dem Staatsministerium ausgesprochene Ansicht, daß die jetzige bewegte Zeit keine Motive an die Hand gebe, die Bande der Disziplin zu lösen, und die Einwirkung der, die Oberaufsicht führenden Behörde auf diejenigen, welche durch Rede und Schrift einen mächtigen Einfluß auf das Volk üben, zu schwächen, daß es vielmehr rathsam sey, jene Bande schärfer anzuziehen, und diese Oberaufsicht zu verdoppeln, ist auch die Meinige. Ich habe darüber Meine Ansichten dem Staatsministerium in Meiner Ordre vom 11ten Januar 1819 ausführlich eröffnet, von der Richtigkeit dieser Aeußerungen bin ich noch mehr durch die Ermittelungen überzeugt worden, welche bei den Untersuchungen über die demagogischen Umtriebe gemacht sind. Zu Meinem Leidwesen hat sich hierbei ergeben, daß auch in Meinem Staate mehrere öffentliche Lehrer den Verirrungen der Zeit huldigen, anstatt wahre Intelligenz, welche die Grundlage des Staats ausmacht, und auf jede Weise befördert werden muß, zu verbreiten, die Ausartungen derselben begünstigen, einen Oppositionsgeist gegen Meine Anordnungen zeigen, und sich namentlich auf Angelegenheiten der Staatsverfassung und Verwaltung eine nähere oder entferntere Einwirkung anmaaßen, welche mit der pflichtmäßigen Führung eines Lehramts unverträglich ist. Ich kann und will die weitere Verbreitung solcher Verirrungen nicht dulden, da Ich denselben vorzubeugen und abzuhelfen, den übrigen deutschen Regierungen schuldig bin; auch die Pflicht fühle, die gegenwärtige und kommenden Generationen vor Verführung zu bewahren, und nicht minder die Ehre des Lehrstandes und der Lehrinstitute es erfordert, von denselben unwürdige, meinen landesväterlichen Absichten und ihrem hohen Berufe nicht entsprechende Individuen auszuschließen.

Das gemeine Kirchenrecht lehrt von der Kirchen-Regierung oder dem Kirchen-Regiment folgendes:

Tenet in ecclesia Christiana imperium is, cui Christus imperare dedit: *) Nun hat Christus diese Macht den Aposteln gegeben, nach dem Evang. Matth. XXVIII. 18. Marc. XVI. 14. seq. Johan. XIV. 18. 26. XVI. 13. nach I. 14. der Apostel-Geschichte und II. 4. ebendaselbst. Um aber eine Einheit des Kirchen-Regiments einzuführen, hat Christus den Apostel Petrus zum Oberhaupt der Kirche ernannt. Evangelium Matth. XVI. 13—20. Diesem folgten aber als Haupt der Kirche die Bischöfe von Rom, wie die Kirche durchgängig annimmt. Primatus in bonum ecclesiae constitutus ex divina ordinatione perdurare in ecclesia debuit **).

Die Beweise ***) für das päbstliche Primat können überhaupt weniger aus einzelnen Stellen, als aus dem ganzen Zusammenhang der Geschichte und des kirchlichen Lebens hergenommen werden. Da nämlich die älteste Zeit der Kirche im Ganzen mehr auf der Ausübung als auf der Theorie beruht, so fließen die schriftlichen Quellen über Verfassungssachen sehr sparsam; wo sie aber wieder anfangen, findet sich der Vorzug des römischen Bischofs überall schon in voller Anwendung, was denselben also grade als unbestritten vor-

---

*) Schenkel a. a. O. §. 25. seq.

**) Bellarminus de Rom. Pontif. l. 2. c. 13.

***) Weber §. 17. a. a. O.

aussetzt. Der Gang der Beweisführung ist folgender: Gleichwie der Anfangspunkt aller Kirchen-Gewalt in den Aposteln zusammentrifft; so muß auch das Primat, wenn es zur ursprünglichen Einrichtung der Kirche gehören soll, in Einem der Apostel als Keim sich wiederfinden, welcher von dessen Nachfolgern aufgefaßt, von der Kirche anerkannt, und bei vorkommender Gelegenheit genauer bestimmt und entwickelt worden ist. Zu diesem Vorzug ist aber der Apostel Petrus durch die Verheißungen, welche ihm der Erlöser vor den Uebrigen ertheilt hat, berechtigt worden. Daher haben die Kirchenväter, sowohl der griechischen wie der lateinischen Kirche, den h. Petrus einstimmig als den Fürsten der Apostel gepriesen, und selbst in den altliturgischen Gesängen, deren sich die russische Kirche noch jetzt bedient, sind darüber viele Zeugnisse stehen geblieben. Da nun Petrus seinen bischöflichen Sitz in Rom erwählt, und dort den Märtyrertod erlitten hat, so wurde der Bischof von Rom mit Recht als der Nachfolger auf dem Stuhl Petri angesehen, und hat in diesem Erbe alle Ansprüche und Vorrechte erworben, welche seinem Urheber selbst gegeben worden waren. Der wirkliche Besitz dieses Vorzugs vor den übrigen Bischöfen, kann seit dem fünften Jahrhundert klarer Urkunden wegen nicht mehr geläugnet werden. Allein auch für die frühere Zeit fehlt es nicht an den wichtigsten Zeugnissen. Diese bestehen in Aussagen der Kirchenväter, Aeußerungen der Concilien, später sogar in reichsgesetzlicher Bestätigung. Das meiste Gewicht geben endlich die Handlungen der Päbste selbst, welche seit der ältesten Zeit bei vorkommenden Streitigkeiten ihr größeres Ansehen durch die

That selbst bezeugten; so im zweiten Jahrhundert Pabst Victor über die Osterfeier: im dritten Pabst Stephan über die Wiedertaufe. — Eine so allgemeine Thatsache, verbunden mit einem eben so allgemeinen Glauben, setzt aber nothwendig einen allgemeinen natürlichen Grund voraus, und kann weder aus einer allmähligen noch aus einer plötzlichen Usurpation erklärt werden, weil es in der That unbegreiflich wäre, daß so viele gelehrte und auf ihre Rechte wachsame Prälaten, diese niemals angefochten hätten.

Von einer eigentlich gesetzgebenden Gewalt kann in der Kirche nur bei Disciplinarvorschriften die Rede seyn, indem keine neuen Glaubenssätze gegeben, sondern nur diejenigen, welche vorhanden sind, bewahrt und gehörig ausgelegt werden können, welches aber zu dem kirchlichen Lehramt gehört. Jene gesetzgebende Gewalt ist aber in der Kirche eben so wie im Staate, durch die ganze Verfassung zerstreut. Zum Theil liegt sie in den Händen der allgemeinen und besondern Concilien; zum Theil steht sie den einzelnen Kirchenregenten, jedem nach den Gränzen seines Amtes zu, deren Aeußerungen entweder allgemeine Gesetze (Leges, edicta, constitutiones), oder blos auf einzelne Fälle und Personen (rescripta) gerichtet seyn können; endlich liegt sie zum Theil in den Händen der kirchlichen Corporationen, denen das Recht vertragsmäßige Vorschriften (statuta) zu errichten eingeräumt ist. Neben allem diesem läuft auf eine unsichtbare Weise das Gewohnheitsrecht, als eine ganz besonders reiche und begünstigte Rechtsquelle fort.

Die kirchliche Jurisdiction ist ein nothwendiger Theil der Kirchengewalt, und steht daher allen Personen, welche diese haben, schon als Amtsrecht zu. Doch wird vorzugsweise der Bischof der Judex ordinarius genannt, da sich aber früher bei der großen Ausdehnung der kirchlichen Geschäfte, die Päbste und Bischöfe dafür Stellvertreter ernannten, welche sogar in stehende Aemter übergingen, so bildete sich im canonischen Recht die Lehre von der übertragenen Jurisdiction, welche im römischen Recht noch wenig entwickelt war.

Die Strafgerichtsbarkeit der Kirche gegen die Laien, kommt seit der ältesten Zeit in einer doppelten Form vor, entweder wegen öffentlicher oder wegen geheimer Vergehen, worüber man sich selbst anklagte. Beides stimmte anfangs darin überein, daß die Bestrafung in beiden Fällen nur die geistige Aussöhnung mit der kirchlichen Gemeinschaft, oder die Vergebung der Sünde zum Zweck hatte. Im Verlauf der Zeiten bildete sich aber ersteres als äußere Disciplinaranstalt aus, die dann auch durch die Criminaljurisdiction des Staates unterstützt wurde; letzteres hingegen blieb mit einigen Veränderungen als Gewissensgericht stehen, und beides erhielt auch äußerlich getrennte Organe. Nach demselben Gang wie oben, wurden aber seit dem XV. Jahrhundert die Gränzen zwischen den weltlichen und bischöflichen Gerichten genauer bestimmt, und letztere durch die Staatsgesetze immer mehr eingeschränkt. Man unterschied daher rein bürgerliche, rein kirchliche und gemischte Vergehen; erstere gehörten vor den weltlichen Richter, die zweiten vor die Kirche, letztere endlich vor beide nach der Prävention. In der neuesten Zeit sind aber in vielen Ländern die geistlichen Gerichte gleichsam sich selbst überlassen worden; so daß sie nur über die rein geistlichen Vergehen entscheiden, und nur rein kirchliche Strafen verhängen können, die in der That jetzt auch nur höchst selten vorkommen.

Es liegt schon in der Art, wie die katholische Kirche nach geographischen Bezirken eingetheilt ist, daß in ihr eine beständige Aufsicht der höhern Beamten gegen die niedern Statt findet. Außerdem aber bestehen zu diesem Zweck Visitationen, welche zu gewissen Zeiten an Ort und Stelle abgehalten werden. Schon von den Aposteln geschah dieses an den von ihnen gestifteten Kirchen, und zwar wurde bestimmt, daß es wenigstens einmal jährlich Statt finden sollte, was auch durch die Capitularien bestätigt wurde.

Nach Vorausschickung dieser allgemeinen Begriffe, gehen wir zu den

Ehe-Gesetzen

über.

Von der Ehe überhaupt.

Nach den Grundsätzen des Preußischen Landrechts, ist der Hauptzweck der Ehe die Erzeugung und Erziehung der Kinder; auch zur wechselseitigen Unterstützung kann eine gültige Ehe eingegangen werden *).

Nach dem gemeinen Kirchenrecht ist die Ehe ein Sacrament **) und

1) ratione status et vinculi permanentis: societas maris et feminae, ad procreandam et rite educandam prolem mutuumque vitae adiutorium,

2)

*) A. L. R. Th. II. Tit. 1. §. 1. 2.

**) Schenkel §. 606. Th. II.

2) ratione actualis con entionis:
est ille actus, quo dicta societas mutuo consensu initur;

3) ratione Sacramenti:
est idem actus inter Christianos rite celebratus conjugibus nullum impedimentum ponentibus ad se pie, casteque amandos, et ad liberos sancte educandos, conferens gratiam.

Um den richtigen Begriff der Ehe nach katholischem Recht aufzufinden, muß man von ihrer natürlichen Grundlage ausgehen. Diese liegt in dem Gegensatz der Geschlechter, der durch alle organischen Wesen hindurch läuft, und sich bei dem Menschen nach der materiellen Seite hin in der verschiedenen körperlichen Beschaffenheit mit den davon abhängenden Trieben, nach der geistigen Seite hin in der Verschiedenheit des männlichen und weiblichen Wesens ausspricht. Durch die Ehe soll nun eine Gemeinschaft aller dieser körperlichen und geistigen Lebensverhältnisse gestiftet werden; daher kann weder blos das Geschlechtsverhältniß ohne die geistige Gemeinschaft, noch blos letztere, ohne wenigstens die Möglichkeit des ersteren, eine Ehe genannt werden. Doch wird der Begriff der Ehe dadurch nicht aufgehoben, daß die Eheleute ihr körperliches Verhältniß einer höhern geistigen Gemeinschaft durch freien Entschluß aufopfern, weil dann hierin ihre Einheit fortdauert, daher auch zwischen alten Leuten eine wirkliche Ehe eingegangen werden kann. Nach den Ansichten des canonischen Rechts, ist also das Geschlechtsverhältniß keineswegs der ausschließliche Charakter, sondern nur ein Theil der durch die Ehe zu begründenden Gemeinschaft, ohne welchen sie noch als solche bestehen kann. Einen weiteren Zweck braucht man dann für sie nicht zu suchen, weil sie selbst zugleich ihr Zweck ist. Auch das römische Recht stellt diesen Begriff der Ehe auf (individua vitae consuetudo, consortium omnis vitae, divini et humani juris communicatio). Noch tiefsinniger und beinahe in biblischen Ausdrücken, faßt ihn das altgermanische Recht auf, dem offenbar die Idee des Ehepaars als einer moralischen Person vorschwebt, an welche Mann und Weib beide ihre Persönlichkeit hingegeben haben *). Am deutlichsten aber wurde er durch das Christenthum entwikkelt, welches damit zugleich eine mystische Bedeutung verband, und die Ehe nach der gemeinsamen Tradition der griechischen und lateinischen Kirche zum Sacrament erhob, die Ehe ist also jetzt ein Sacrament, wodurch zwei Personen verschiedenen Geschlechts zur ungetheilten Gemeinschaft aller Lebensverhältnisse in Liebe und Treue, nach den Vorschriften der Kirche verbunden werden **).

Der wichtigste Schriftsteller der katholischen Kirche über das Ehe-Recht, der berühmte Sanchez ***), giebt folgende Definition der Ehe: Est conjunctio maritalis viri et feminae, inter legitimas personas, in-

---

*) Tacitus de moribus Germanorum. c. 19.

**) Math. XIX. 3—9. Ephes. V. 22—32. Concil. Tridentin Sess. XXIV.

***) Disputationem de sancto Matrimonii Sacramento, Tomi III. a autore R. P. Thoma Sanchez Condabensi e societate Jesu. Antverpiae 1607. Lib. II. Disp. I. §. 1. 2.

dividuam vitae consuetudinem retinens *). Nach ihm gehören zur Ehe folgende 7 Stücke:

1) mutuus consensus,

2) externus contractus,

3) mutua corporum traditio,

4) quoddam vinculum ductum ex illo contractu,

5) mutua obligatio ad reddendum debitum,

6) jus in unoquoque ad alterum,

7) usus et consummatio matrimonii.

Gewöhnlich ist folgende Eintheilung der Ehe **).

1) Matrimonium legitimum, d. i. wenn kein Ehehinderniß entgegensteht,

2) ratum, wenn das Sacrament vollzogen ist,

3) consummatum, wenn eine zur Kinder-Erzeugung angemessene fleischliche Vermischung dazu gekommen ist.

Dieser letztere Gegenstand hat bei den Lehrern des Ehe-Rechts sehr genaue und gelehrte Untersuchungen herbeigeführt, z. B.

1) au sufficiat vasis femininis penetratio?

2) au requiratur utriusque sponsi seminatio?

3) au si copula matrimonium praecedat, illud consummet ***)?

Was nun endlich

die Ehehindernisse

selbst betrifft: so muß folgendes vorausgeschickt werden:

---

*) l. l. ff. de ritu nuptiar. §. 1. Inst. de patria potest.

**) Schenkel §. 608. a. a. O.

***) Sanchez a. a. O. lib. II. disputat. 21.

Damit eine Ehe vollkommen rechtmäßig eingegangen werde, sind theils gewisse Eigenschaften und Verhältnisse vorgeschrieben (Eheerfordernisse), theils andere verboten (Ehehindernisse); beides wieder so, daß der Mangel der ersteren, oder die Gegenwart der letzteren, die Abschließung der Ehe blos verhindert, die demohngeachtet abgeschlossene Ehe aber nicht vernichtet, oder selbst so, daß auch die bereits eingegangene Ehe dadurch vernichtet wird. Dem römischen Recht ist dieser Unterschied der aufschiebenden und vernichtenden Ehebedingnisse fremd; das canonische Recht wurde darauf durch den Begriff des Sacraments geleitet, der so lange als möglich Aufrechthaltung der Ehe fordert. Bei den Protestanten fiel dieser Grund eigentlich weg, doch ist jene Unterscheidung beibehalten. Die positiven Erfordernisse sind: 1) ein gewisses Alter. Das römische Recht schreibt den Zeitpunkt der Pubertät vor, über deren Beurtheilung aber die Ansichten wechselten. Im neuern römischen Recht trat er bei Männern mit 14, bei den Mädchen mit 12 Jahren ein. Diese Termine sind auch im canonischen Recht angenommen. Im Mittelalter scheinen Ehen zwischen unmündigen Kindern aus Familienrücksichten sehr häufig gewesen zu seyn. Die Päbste aber mißbilligten sie im Allgemeinen, wenn nicht ein bedeutender Vortheil dadurch erreicht wurde, und erklärten sie vor erreichter Pubertät nicht für bindend, wenn nicht etwa doch wirkliche Beiwohnung Statt gefunden hätte *). Das Preuß. A. L. R. bestimmt da-

---

*) Weber a. a. O. §. 187.

für das 18te und 14te Jahr *). 2) Die beiderseitige Einwilligung, weil ohne diese eine Ehe gar nicht denkbar ist. Doch kann diese auch durch Zeichen, und unter Abwesenden auch durch einen Stellvertreter erklärt werden. — Damit stimmt auch das Preuß. A. L. R. überein **). 3) Die Einwilligung der Eltern. Das römische Recht verlangte bei den Kindern, die in einer väterlichen Gewalt standen, die Zustimmung ihres Gewalthabers, unter Strafe der Nichtigkeit der Ehe. Das ältere canonische Recht schreibt zwar wegen des kindlichen Gehorsams die Einwilligung beider Eltern vor, und legt ihnen selbst eine große Willkühr über die Verheirathung ihrer Kinder bei; allein es finden sich doch schon Zeugnisse aus einer frühen Zeit, daß die gegen den Willen der Eltern eingegangenen Ehen nicht wieder getrennt werden konnten. Auch das Concilium von Trident hat diese Meinung bestätigt. Nach dem protestantischen Kirchenrecht sollte eigentlich der Mangel dieser Einwilligung als Nichtigkeitsgrund betrachtet werden; allein dieses wird nicht überall beobachtet, oder wenigstens dahin gemildert, daß sie ohne gegründete Ursache nicht verweigert, oder dann durch die Obrigkeit ergänzt werden kann. Dies ist auch in dem Preuß. A. L. R. bestimmt worden ***).

Unter allen diesen Umständen befolgte aber die Kirche ihren eignen Gang, der theils mit den weltlichen Gesetzen übereinstimmte, theils davon abwich. Auf der

*) A. L. R. Th. II. Tit. 1. §. 37. Anhang §. 68.

**) l. c. §. 38. seq.

***) §. 45. seq. §. 66. seq.

einen Seite hatte sie zwar, dem alten Gebrauch gemäß, die priesterliche Einsegnung bei der Ehe verlangt, und diejenige gemißbilligt, die nicht im Angesicht der Kirche geschlossen wäre, auf der andern erkannte sie aber den Grundsatz an, daß die Ehe schon durch bloße Einwilligung ohne weitere Form vollendet sey, und bloß wegen der Publicität nicht vernichtet werden könnte, welche Ansicht auch während des ganzen Mittelalters in Uebung blieb. Der Concubinat war aber in allen Fällen untersagt, weil die Kirche die Rücksicht auf den Standes-Unterschied verwarf. Da aber die freie Form der Ehe nicht nur den Concubinat begünstigte, sondern auch die Aufsicht der Kirche über die Ehen ganz unmöglich zu machen drohte, so fand sich das Concilium von Trident bewogen, über die Abschließung der Ehe neue Bestimmungen zu erlassen. 1) Der Ehe soll ein dreimaliges Aufgebot (bannus nuptialis) vorhergehen, wodurch dritte Personen aufgefordert werden, ihre etwanigen Einsprüche geltend zu machen. Haben sie dieses dann versäumt, so ist ihr Recht verloren, jedoch nur, wenn es auf einem Privathinderniß beruht. Diese Förmlichkeit bestand schon früh im fränkischen Reich, und wurde durch Innocenz III. i. J. 1216 in der ganzen Kirche eingeführt. Doch kann der Bischof davon dispensiren; auch hat die eigenmächtige Unterlassung nicht Nullität der Ehe, sondern nur eine Bestrafung des Geistlichen und des Ehepaars zur Folge*). 2) Die beiden Personen müssen ihre Einwilligung vor ihrem Pfarrer und wenigstens

*) Weber §. 138. a. a. O.

zwei Zeugen erklären. Diese Form ist so wesentlich, daß ohne sie keine Ehe besteht. Da aber die Vorschrift nur den Zweck hat, einen sicheren Beweis über die Absicht der Contrahenten zu erlangen, so brauchen die genannten Personen nicht eigends dazu geladen zu seyn. Man behauptet, daß sogar die Weigerung des Pfarrers gleichgültig ist, sobald er die Erklärung nur gehört hat. 3) Die so geschlossene Ehe wird durch die Trauung oder priesterliche Einsegnung (hierologia) bestätigt, unter gewissen Formen, wozu auch das Wechseln der Ringe gehört. In der Regel muß sie in der Kirche und durch den Pfarrer geschehen. Sie gehört aber nicht nothwendig zur Gültigkeit der Ehe, eben so wenig als sie an sich nichtige Ehen gültig macht. 4) Der Pfarrer muß die geschlossene Ehe in den Kirchenbüchern bemerken. Dieses gehört aber nur zum Beweis der Ehe, der im Nothfall auch durch andre Mittel geführt werden kann. Das Preußische Allg. L. R. schreibt darüber Folgendes vor:

§. 136. Eine vollgültige Ehe wird durch die priesterliche Trauung vollzogen.

§. 137. Zwischen Personen fremder im Staate geduldeter Religionen, wird die Vollziehung einer vollgültigen Ehe lediglich nach den Gebräuchen ihrer Religion beurtheilt.

§. 138. Das Aufgeboth muß vor der Trauung hergehen *).

*) Nach dem Rescript vom 17. Nov. 1803 muß sich der Pfarrer vor dem Aufgeboth den Consens schriftlich vorzeigen lassen, wenn von Eltern oder Vormündern Einwilligung erforderlich.

§. 139. Das Aufgeboth muß in beyder Verlobten Parochie geschehen *).

§. 140. Wer zu keiner Parochie gehört, muß dennoch das Aufgebot in der Kirche, wohin sein Wohnort gehört, veranstalten.

§. 141. Wer noch nicht ein Jahr an seinem gegenwärtigen Wohnorte sich aufhält, muß auch in der Kirche seines vormaligen Wohnorts aufgeboten werden.

§. 142. Gesinde, welches noch nirgend seinen festen Wohnsitz aufgeschlagen hat, muß sich, außer seiner gegenwärtigen Parochie, auch an dem Orte seiner Geburt, ohne Unterschied der Zeit seiner Entfernung von demselben, aufbieten lassen (Tit. XI. Sect. V.)

§. 143. Auch ein Fremder, der in Königlichen Landen getraut seyn will, muß sich in der Parochie seiner Heimath aufbieten lassen.

§. 144. Kann er dies nicht bewerkstelligen; so muß er durch gerichtliche oder beglaubte Notariatszeugnisse nachweisen, daß an dem Orte seiner Heimath kein Ehehinderniß wider ihn bekannt sey.

Anhang §. 68. Bei den neu angekommenen Kolonisten, die sich noch kein Jahr in den königlichen Staaten aufgehalten haben, genüget der Eid, daß sie noch unverehlicht sind, und daß ihnen auch kein sonstiges Ehehinderniß bekannt sey.

§. 145. Hat aber ein Fremder sich in hiesigen Landen niedergelassen und länger als ein Jahr darin

---

*) Verordnung vom 14. Febr. 1804. Gesetz vom 11. März 1812.

aufgehalten, so ist das Aufgebot in seiner hiesigen Parochie, so wie bei Eingebornen, hinreichend.

Anhang §. 69. Wieviel Zeit seit dem eigentlichen Etablissement verlaufen ist; kömmt hiebei in keine Betrachtung.

§. 146. Wird dem Pfarrer, welcher das Aufgebot verrichten soll, ein in beglaubter Form ausgefertigtes Ehegelöbniß nicht vorgezeigt: so muß derselbe nach obigen Vorschriften Erkundigung einziehen: ob vielleicht Ehehindernisse vorhanden sind.

Anhang §. 70. Königliche Civiloffizianten müssen vor dem Aufgebot und der Trauung nachweisen, daß sie die zu ihrer Verheirathung erforderliche Erlaubniß des ihnen vorgesetzten Chefs erhalten haben.

§. 147. Findet der Pfarrer ein Bedenken: so muß er um nähere Verhaltungsbefehle bei seinem Vorgesetzten anfragen.

§. 148. Das Aufgebot behält inzwischen zwar seinen Fortgang: die Trauung aber muß bis zum Eingange der Vorbescheidung ausgesetzt bleiben.

§. 149. Hat der Pfarrer die Erkundigung unterlassen; oder ein ihm bekannt gewordenes Hinderniß leichtsinnig übergangen: so soll er deshalb mit verhältnißmäßiger fiskalischer Strafe belegt werden.

§. 150. Das Aufgebot muß deutlich, mit Benennung des Standes, Vor- und Zunamens beider Theile, und der Aeltern der Braut, geschehen.

§. 151. Es muß drei Sonntage hinter einander von der Kanzel verlesen werden,

§. 152. Wer nur zweimal für dreimal aufgeboten seyn will, dem kann, nach Bewandniß der Umstände, die dem Pfarrer der Braut vorgesetzte Obrigkeit Dispensation dazu ertheilen.

§. 153. Soll das Aufgebot nur ein für allemal geschehen: so muß die Dispensation bey Hofe gesucht werden.

Anhang §. 71. Wenn der Bräutigam von der lutherischen oder französischen Kirche die Dispensation vom dreimaligen Aufgebot erhalten hat, so bedarf es von Seiten der Braut keiner besondern Dispensation.

Anhang §. 72. Wegen Dispensation beim Aufgebot eines militairischen Brautpaars, hat es bei den Vorschriften des Militair-Konsistorialreglements sein Bewenden.

§. 154. Die unterlassene Befolgung obiger Vorschriften wegen des Aufgebots macht zwar die Ehe nicht ungültig;

§. 155. Die Partheyen aber, und der Pfarrer, welcher die Trauung verrichtet, haben, nach Maaßgabe der verschuldeten Unterlassung und des daraus für irgend jemanden entstandenen Nachtheils, fiskalische Geld- oder Gefängnißstrafe verwirkt.

§. 156. Auch die Strafe fällt weg, wenn wegen plötzlicher Todesgefahr die Traunng beschleunigt werden mußte, und weder bedenkliche Umstände vorwalteten, noch die Verfügung der Vorgesetzten abgewartet werden konnte.

§. 157. Ein Gleiches findet statt, wenn der Bräutigam in Angelegenheiten des Staats eine langwierige oder gefährliche Reise so schnell antreten muß, daß zum

Aufgebote oder zur Einholung der Dispensation keine Zeit übrig ist.

§. 158. Wer Einspruch thun will, kann denselben nur auf ein älteres förmliches Ehegelöbniß, oder auf eine unter dem Versprechen der Ehe erfolgte Schwängerung gründen.

§. 159. Wird dem Pfarrer ein dergleichen förmliches Ehegelöbniß vorgelegt: so muß er mit Aufgebot und Trauung sofort inne halten.

§. 160. Soll eine unter dem Versprechen der Ehe erfolgte Schwängerung den Einspruch begründen: so muß dieser Klagegrund bei der Obrigkeit des Orts, wo das Aufgebot oder die Trauung geschehen soll, bescheinigt, und von dieser das fernere Aufgebot oder die Trauung untersagt werden.

§. 161. Entsteht darüber ein Prozeß: so gehört dessen Erörterung vor dasjenige Gericht, welchem der Angesprochene in Sponsalien und Ehesachen unterworfen ist.

§. 162. Erklärt sich der angesprochene Theil, die den Anspruch machende Person nicht heirathen, sondern allenfalls nur nach den Gesetzen und richterlichem Ermessen abfinden zu wollen, so muß er dieser Abfindung wegen annehmliche Sicherheit bestellen.

§. 163. Sobald dieses geschehen ist, kann mit dem fernern Aufgebote und der Trauung verfahren werden.

Anhang §. 73. Der Trauung unbeschadet bleiben der Geschwächten die wegen Führung des Namens zugesicherten Rechte dennoch vorbehalten.

§. 164. Wird der Einspruch in der Folge ungegründet befunden, so soll der Einsprechende als ein Injuriant nachdrücklich bestraft werden.

§. 165. Wird dem Richter vor der Trauung, ein oder anderes bis dahin nicht bekannt gewesenes Ehehinderniß glaubhaft angezeigt: so muß Aufgebot sowohl, als Trauung untersagt werden.

§. 166. Die Aufhebung eines solchen Verbots findet nicht eher statt, als bis das Hinderniß entweder gehoben, oder durch Urtel und Recht als unerheblich verworfen worden.

§. 167. Privatpersonen können bei der Trauung durch Bevollmächtigte nicht vertreten werden.

Außer den vorstehenden Ehe-Erfordernissen muß über die Ehehindernisse noch Folgendes bemerkt werden:

Ein Ehehinderniß ist eine Ursache, weshalb die Abschließung der Ehe gesetzlich verboten ist.

Wirkt das Verbot so vollkommen, daß es selbst die eingegangene Ehe vernichtet; so nennt man es ein trennendes Hinderniß (impedimentum dirimens); hat seine Uebertretung zwar eine Strafe, nicht aber die Nichtigkeit der Ehe zur Folge, so heißt es ein aufschiebendes oder einfaches Hinderniß (impedimentum impediens). Beruht das Verbot auf Grundsätzen der öffentlichen Ordnung (öffentliches Hinderniß), so muß es von dem Pfarrer von Amtswegen berücksichtigt werden, und selbst jeder Dritte ist zum Einspruch berechtigt. Ist es blos zu Gunsten einer einzelnen Person eingeführt (Privathinderniß), so kann, wenn diese sich beruhigt, kein Anderer daraus klagen. Endlich unterscheidet man die relative und absolute Hindernisse, je nachdem dadurch die Ehe blos zwischen zwei bestimmten Personen in Beziehung auf einander, oder zwischen einer Person und allen anderen ohne Unterschied verboten wird *).

Grundsätze des Allgemeinen Preußischen Land-Rechts über Nichtigkeits-Ursachen der Ehen.

Zweiter Abschnitt.

Von den rechtlichen Folgen gesetzwidrig geschlossener Ehen. Th. II. Tit. 1.

Begriffe.

§. 945. Ehen, welche wegen obwaltender Verbotsgesetze niemals bestehen können, heißen nichtig.

§. 946. Ehen, welchen zwar von Anfang an gesetzliche Hindernisse im Wege stehen, die aber doch in der Folge, durch Hebung dieser Hindernisse verbindliche Kraft erlangen können, werden ungültig genannt.

Von nichtigen Ehen.

§. 947. Nichtig sind Ehen, welche innerhalb der durch die Gesetze verbotenen Grade geschlossen worden (§. 3. 4. 5.).

Eheverbote wegen zu naher Verwandschaft.

§. 3. Ehen zwischen Verwandten in auf- und absteigender Linie sind gänzlich verboten.

§. 4. Auch Ehen zwischen voll- und halbbürtigen in oder außer der Ehe erzeugten Geschwistern sind unzulässig.

§. 5. Stief- oder Schwieger-Aeltern dürfen sich mit ihren Stief- oder Schwieger-Kindern, ohne Unterschied des Grades, nicht verheirathen.

---

*) Weber a. a. O. §. 192.

§. 948. Ferner diejenigen, bei deren Schließung Einer oder beide Theile annoch anderweitig verheirathet waren (§. 16.).

Verbot der Polygamie.

§. 16. Ein Mann kann nur eine Frau und eine Frau nur einen Mann zu gleicher Zeit zur Ehe haben.

§. 949. Ein Gleiches gilt von Ehen zwischen einer geschiedenen Person, und derjenigen, welche sich wegen des zur Scheidung gegebenen Anlasses, nach den Gesetzen nicht heirathen darf (§. 25 — 29.).

Verbot der Ehe zwischen Personen, welche Ehebruch mit einander getrieben haben.

§. 25. Personen, welche wegen Ehebruchs geschieden wurden, dürfen diejenigen, mit welchen sie den Ehebruch getrieben haben, nicht heirathen.

§. 26. Auch die, welche zur Scheidung Veranlassung gegeben.

§. 27. Ist ein solches Verhältniß nicht gerügt bei der Scheidung, so kann später darauf nicht gerücksichtigt werden.

§. 28. Bei Nachstellungen nach dem Leben ist eine Heirath unzulässig, wenn auch der Tod die Ehe getrennt hat.

§. 29. Vielmehr muß der Richter, wenn ihm ein solcher Vorfall angezeigt wird, die Untersuchung desselben von Amts wegen in so weit verfügen, als er dazu in Ansehung eines jeden ihm angezeigten Verbrechens schuldig ist.

§. 950. Auch solche Ehen, die von Militairpersonen, ohne die, in Ansehung ihrer, nach den Gesetzen besonders erforderlichen Einwilligung geschlossen worden, sind nichtig (§. 34 — 35.)

Ehen der Militairpersonen.

§. 34. Offiziere, welche in wirklichen Kriegsdiensten stehen, können ohne königliche Erlaubniß nicht heirathen.

§. 35. Bei Unteroffizieren, Soldaten und allen, welche gleich diesen zu Fahnen geschworen haben, wird die Einwilligung des Chefs oder Commandeurs von dem Regimente, Bataillon oder Corps, zu welchem sie gehören, erfordert *).

§. 951. Eben das findet in Fällen statt, wo der Unterschied der Religionen ein gesetzliches Ehehinderniß ausmacht (§. 36.)

§. 36. Ein Christ kann mit solchen Personen keine Heirath schließen, welche nach den Grundsätzen ihrer Religion, sich den christlichen Ehegesetzen zu unterwerfen gehindert werden.

§. 952. Ehen, welche die Gesetze wegen Ungleichheit des Standes verbieten, werden, wenn sie ohne die erforderliche Dispensation dennoch geschlossen worden, ebenfalls für nichtig angesehen (§. 30 — 33.).

Eheverbot wegen Ungleichheit des Standes.

§. 30. Mannspersonen von Adel können mit Weibspersonen aus dem Bauer- oder geringerem Bürgerstande keine Ehe zur rechten Hand schließen.

§. 32. Wenn drei der nächsten Verwandten einwilligen, kann das Ober-Landes-Gericht dispensiren.

---

*) Rescript vom 25. Januar 1799.

§. 33. Kann er dergleichen Einwilligung nicht beibringen, oder findet sich von Verwandten, die mit den Consentirenden gleich nahe sind, ein Widerspruch, so kann die Dispensation nur von dem Landesherrn unmittelbar ertheilt werden.

§. 953. Auch wenn in den Fällen des §. 948. 950. 951. 952. das Ehehinderniß in der Folge gehoben werden könnte, bleibt die Ehe in der Regel dennoch nichtig.

§. 954. Nur in dem Falle des §. 948., wenn die vorige Ehe aus einem unverschuldeten Irrthum für getrennt angenommen worden, da sie doch noch wirklich bestanden hat, ist die spätere Ehe keinesweges nichtig, sondern nur ungültig.

§. 955. Wenn also das der spätern Ehe zur Zeit ihrer Vollziehung entgegen gestandene Ehehinderniß durch eine nachher wirklich erfolgende Trennung der frühern gehoben worden, so ist die spätere Ehe als von Anfang an gültig anzusehn.

§. 956. Für einen unverschuldeten Irrthum ist es zu halten, wenn der wirklich noch nicht erfolgte Tod des vorigen Ehegatten gesetzmäßig bescheinigt war, oder wenn die vorige Ehe durch ein richterliches Erkenntniß, dem aber ein wesentliches Erforderniß der Gültigkeit ermangelte, für getrennt erklärt worden.

§. 957. Hat aber der vor Trennung der frühern zu einer nachherigen Ehe schreitende Theil den vorgefallenen Fehler vorsätzlich, oder durch sein eignes grobes oder mäßiges Versehen, selbst veranlaßt: so bleibt die Ehe von Anfang an nichtig.

§. 958. Soll außer dem Falle des §. 948. die nichtige Ehe nach gehobenem Hindernisse zur Gültigkeit

gelangen:

gelangen: so muß sie auf die in den Gesetzen vorgeschriebene Art nochmals feyerlich vollzogen werden.

§. 959. Mit dem Zeitpunkte dieser nochmaligen Vollziehung nimmt die Gültigkeit einer solchen Ehe erst ihren Anfang.

§. 961. Doch finden wegen des übertretnen Ehegesetzes, auch in diesem Falle die unten verordneten Strafen statt.

§. 962. Die Fortsetzung nichtiger Ehen ist der Richter zu dulden nicht befugt.

§. 963. Vielmehr muß er, sobald dieselben zu seiner Kenntniß gelangen, die Verbundenen von Amts wegen trennen, und einen fiskalischen Bedienten anweisen, auf die förmliche Nichtigkeitserklärung anzutragen.

§. 964. Aus einer solchen nichtigen Verbindung entstehen daher auch unter den Verbundnen selbst niemals Rechte und Pflichten, wie aus einer wirklichen Ehe.

Das

gemeine Kirchen-Recht

stellt zuvörderst als durch positive göttliche Gesetze verbothen diejenigen Nichtigkeitsgründe als impedimenta dirimentia auf, welche im alten Testamente Levit. c. XVIII. enthalten und in folgende Verse gebracht sind:

Nata, soror, neptis, materna, fratris et uxor,
Et patris coniux, mater, privigna, noverca,
Uxorisque soror, privigni nata, nurusque
Atque soror patris conjugi lege vetantur *).

Daß aber die Kirche auch außer diesen Ehe-Verbothen andre eingeführt hat, rechtfertigt sie damit, daß sie vermöge ihrer gesetzgebenden Gewalt eben das Recht

*) Schenkel. §. 613. Tom. I. l. c.

hat, der geistlichen Wohlfahrt wegen Ehe-Verbote einzuführen, wie die weltliche Gewalt in Ansehung der öffentlichen Wohlfahrt *).

Das Bedenken, das aus dem allgemeinen Grundsatz folgt,

ut ecclesia, in sacramentorum dispensatione, salva illorum substantia statueret,

hebebt Sanchez **) folgendergestalt:

Ecclesia enim concurrente personarum habilitate, et contractu valido ad mutuam corporum traditionem sufficienti, efficere nequit, ut sacramentum matrimonii invalidum sit: potest tamen destruere fundamentum, statuendo ut contractus humanus non sit legitimus, ac sufficiens ad corporum traditionem, nisi certae sollennitates concurrant, quibus deficientibus, indirecte, et consequenter invalidum redditur matrimonii sacramentum.

Damit stimmt auch das Tridentinische Concilium überein ***). Wenn daher auch die Nichtigkeits-Gründe Impedimenta dirimentia genannt werden; so erklärt Sanchez diesen Ausdruck dahin, daß damit nicht verstanden werde, als wenn eine Ehe dadurch wieder aufgelößt würde; sondern daß wirklich keine rechtmäßige Ehe eingegangen worden ****). Darum heißen die impedimenta dirimentia:

contraria ipsi matrimonii essentiae.

Nach Sanchez waren nach dem alten Kirchen-

*) §. 617. ib.

**) L. c. lib. 3. Disput. 4.

***) Tridentin. sess. 24. de matrim.

****) Sanchez. lib. VII. Disput. 6. §. 3.

Recht folgende zwölf Nichtigkeitsgründe in diesen Versen enthalten:

Error, conditio, votum, cognatio, crimen.
Cultus disparitas, vis, ordo, ligamen, honestas,
Si sic affinis, si forte coire nequibit.

dazu sind noch nach dem Tridentischen Concilium beigefügt worden, die beiden folgenden

Si parochi et duplicis de sit praesentia testis,
Raptave sit mulier, nec parti reddita tutae,
Haec socianda vetant connubia, facta retractant*).

Nach dem neuern Kirchenrechte*) werden folgende trennende Ehehindernisse nach vier Klassen aufgezählt:

1) Ob defectum assensus interni, quorum error, conditio, vis, raptus
2) ob defectum libertatis exterrae, quo votum, ordo, ligamen referri potest.
3) Ob defectum personae, quo impotentia, aetas immatura, cultus disparitas, crimen, cognatio naturalis, spiritualis, legalis, affinitas et honestas publica.
4) Ad defectum solemnitatis pertinet clandestinitas.

Der neueste Lehrer des Kirchenrechts hat diese Ehehindernisse folgendergestalt aufgeführt ***).

Hindernisse und zugleich Nichtigkeitsgründe der Ehe sind folgende: I. Privathindernisse. Dahin gehört 1) alles, was die freie Einwilligung

*) a. a. O. Derselbe.
**) Schenkel §. 627. a. a. O.
***) Walter a. a. O. §. 193.

aufhebt, weil ohne diese keine Ehe vorhanden ist; also wahre Gewalt und Zwang durch ungerechte Androhung eines wirklichen Uebels, wobei auch der Eid des Gezwungnen die Nullität nicht verbessert. Nach der Form, die das Concilium von Trient zur Abschließung der Ehe vorschreibt, wird dieses kaum mehr vorkommen; wäre es aber geschehen; so kann genau genommen die Nichtigkeit nicht, wie in der früheren Zeit, durch bloße Genehmigung, sondern nur durch Erklärung vor Pfarrer und Zeugen gehoben werden. Ferner gehört dahin ein wesentlicher Irrthum, wie wohl es im Einzelnen sehr bestritten ist, welcher Irrthum als solcher gilt. Die protestantischen Landesgesetze rechnen meistens dazu die Schwangerschaft der Braut von einem Dritten, ein peinliches Vergehen, eine bleibende körperliche oder eine Gemüthskrankheit. Endlich kann auch die Ehe wegen Betrug und Arglist vernichtet werden, wenn dadurch ihre Eingehung veranlaßt wurde. 2) Das Unvermögen zur ehelichen Beiwohnung, vorausgesetzt, daß dieses schon vor der Ehe vorhanden und dem andern Theil unbekannt war, endlich auch nicht blos vorübergehend ist. Bloße Unfruchtbarkeit hebt aber die Ehe nicht auf. Auch wird über das Unvermögen den Ehegatten nicht unbedingt geglaubt, sondern es wird erst eine ärztliche Besichtigung angeordnet. Ist deren Erfolg zweifelhaft, so müssen die Ehegatten noch drei Jahre beisammen wohnen, und dann ihre Behauptung durch einen Eid mit Eideshelfern (cum septima propinquorum manu) beschwören. Der unvermögende Theil darf nicht wieder heirathen; thut er es dennoch und er weis't sich jetzt als vermögend aus, so muß er zur ersten Ehe zurückkehren. Den Kastraten ist aus besondern Gründen die Ehe durch eine Bulle des Pabstes Sixtus V. vom Jahr 1587 schlechthin verboten. 3) Die Entführung (raptus). Nach dem römischen Recht durfte der Entführer die Entführte niemals heirathen. Nach dem ältern canonischen Recht wurde der Entführer excommunicirt und ihm dadurch von selbst jede kirchliche Ehe unmöglich gemacht. Erst nach geleisteter öffentlichen Buße war ihm die Ehe wieder erlaubt, nur nicht mit der Entführten. Jetzt wird aber die Entführung nur nach den Grundsätzen des Zwanges beurtheilt, so daß, wenn die Entführte nach ihrer Befreiung einwilligt, die Ehe allerdings möglich ist. II. Oeffentliche Hindernisse. Diese sind: 1) eine schon bestehende Ehe, da die Polygamie sowohl nach göttlichen als nach kirchlichen und bürgerlichen Rechten verboten ist. Hat man sich wieder verheirathet, weil man den anderen Ehegatten irrig für todt hielt, so gilt nur die erste Ehe. 2) Ein feierliches Gelübde der Keuschheit. Dieses trennt nicht blos jede spätere, sondern selbst die früher abgeschlossene aber noch nicht consummirte Ehe, aber niemals ohne Einwilligung des Andern. 3) Die höheren Weihen. Diese machen aber nur die spätere Ehe nichtig, nicht die früher abgeschlossene, wenn gleich noch nicht consummirte Ehe. Bei den Protestanten fällt natürlich dieser und der vorige Nichtigkeitsgrund weg. 4) Gänzliche Verschiedenheit des Glaubens. Es ist also die Ehe zwischen einem Christen und Nichtchristen nichtig. Die Ehen zwischen Katholiken und Akatholiken sind zwar gültig, werden aber von der Kirche aus Gründen, die in der Natur der Sache selbst liegen, und welche die Protestanten der That nach ebenfalls anerkennen, sehr gemißbilligt. Um so weniger ist der Pfarrer zu tadeln, der nach der Vorschrift des Pabstes Benedikt 14. bei solchen Ehen die Einsegnung und andere außerwesentliche Feierlichkeiten, in denen die freudige Zustimmung der Kirche sich ausspricht, nicht anwenden will*). 5) Der Ehebruch. Nach dem römischen Recht war die Ehe zwischen dem Ehebrecher und der Ehebrecherin schlechthin untersagt, eben so nach dem älteren canonischen Recht. Die Capitularien verbieten den Ehebrechern sogar jede Ehe auch mit andern Personen. Aus zwei Fällen, welche dem Concilium von Tribur (A. 895.) zur Entscheidung vorgelegt wurden und wo der Ehebruch mit besonderen Nebenumständen verbunden war, fand Gratian Veranlassung, das ältere allgemeine Verbot blos auf diese beiden Fälle zu beschränken, welches auch in das Decretalen-Recht überging. Der Ehebruch bildet daher jetzt nur dann ein Hinderniß, wenn er unter dem Versprechen der Ehe, nach dem Tode des unschuldigen Ehegatten verübt, oder wenn diesem zugleich nach dem Leben getrachtet wurde. 6) Die Ermordung des einen Ehegatten durch den Andern. Nach dem älteren Recht durfte Letzterer nie mehr heirathen. Jetzt ist ihm blos die Ehe mit demjenigen verboten, womit er sich zur Ermordung des Ersteren verabredet hatte. 7) Die Verwandtschaft und die Schwägerschaft.

Außer den Hindernissen, welche eine Ehe nichtig machen, enthält das gemeine Kirchenrecht sowohl, als

---

*) Walter. §. 193. a. a. O.

auch das Allg. Preuß. Land-Recht andre Hindernisse, welche dergestalt gehoben werden können, daß eine solche Ehe in der Folge, nach Behebung dieses Hindernisses gültig werden kann. Das gemeine Kirchen-Recht nennt diese Hindernisse einfache, oder aufschiebende oder impedientia. Das Preuß. Land-Recht bezeichnet sie als solche, welche die Ehe ungültig machen, und handelt darüber in den Vorschriften von

ungültigen Ehen

§. 8. Th. II. Tit. 1. Wenn jemand die Schwester seines Vaters, oder seiner Mutter, oder eines weitern Verwandten in aufsteigender Linie, die an Jahren älter ist, heirathen will, muß er dazu die Erlaubniß des Staats nachsuchen.

§. 9. Diese Erlaubniß darf nur aus erheblichen Gründen, und wenn eine solche Ehe beiden Theilen augenscheinlich vortheilhaft ist, ertheilt werden.

§. 960. Ist eine Ehe in dem Falle des §. 8. ohne die erforderliche Dispensation geschlossen worden, so ist sie nicht nichtig, sondern nur ungültig; und besteht also von Anfang an, wenn die Dispensation in der Folge noch ertheilt wird.

§. 62. des Anhangs zum A. L. R. Ehen zwischen dem einen Ehegatten und denen mit einem andern Vater oder Mutter, vor dieser erzeugten unehelichen Kindern des Andern, gehören in der Regel zu den verbotenen. In außerordentlichen Fällen muß die Dispensation beim Oberhaupte des Staats nachgesucht werden.

§. 980. Ungültig sind Ehen, die ein Vormund für sich, oder seine Kinder, mit seinen Pflegebefohlnen, ohne Erlaubniß des vormundschaftlichen Gerichts, geschlossen hat (§. 14.).

§. 14. Ein Vormund soll während seiner Vormundschaft, ohne vorhergegangene Untersuchung und Genehmigung des vormundschaftlichen Gerichts, weder sich selbst, noch seine Kinder, mit seinen Pflegebefohlnen verehelichen.

§. 981. Ferner solche, die mit einer an Kindesstatt angenommenen Person, ohne vorher gegangene Aufhebung der Adoption, geschlossen worden (§. 13.).

§. 13. Zwischen Personen, deren eine die andere an Kindesstatt angenommen hat, kann so lange, als die Adoption nicht auf gesetzmäßige Art wieder aufgehoben worden, keine gültige Heirath geschlossen werden.

§. 982. Ein Gleiches gilt von Heirathen mit einer Person, die das mannbare Alter noch nicht erreicht hat (§. 37.).

§. 37. Mannspersonen sollen vor zurückgelegtem achtzehnten, und Personen weiblichen Geschlechts, vor zurückgelegtem vierzehnten Jahre nicht heirathen.

§. 983. Auch Heirathen, wobei es von der einen Seite an der freyen Einwilligung ermangelt, sind ungültig (§. 38. 44.)

§. 38. Ohne die freye Einwilligung beider Theile ist keine Ehe verbindlich.

§. 39. Sie wird es aber, wenn sie 6 Wochen nach entdecktem Irrthum, oder Betrug, oder aufgehobnem Zwange freiwillig fortgesetzt worden.

§. 44. Die Frist, welche dem Erblasser noch übrig war, wird den Erben, vom Todestage gerechnet, verdoppelt.

§. 984. Eben das findet von Ehen statt, bei welchen die Einwilligung derjenigen, deren Consens die Gesetze zur Gültigkeit einer Ehe erfordern, nicht beigebracht ist (§. 45. 49. 50. 52.).

Der Mangel der Einwilligung des Vaters.

§. 45. Kinder aus einer Ehe zur rechten Hand können sich, ohne Einwilligung ihres leiblichen Vaters, nicht gültig verheirathen.

Der Mutter, der Großältern und des Vormundes.

§. 49. Bei noch minderjährigen vaterlosen Waisen ist die Einwilligung der Mutter und des Vormundes nothwendig.

§. 50. Ist auch die Mutter verstorben, so muß an ihrer Stelle die Einwilligung der Großältern nachgesucht werden.

§. 52. Es gehen die Großväter, den Großmüttern und die von des Vatersseite denen von der Muttersei̇te vor.

§. 985. Ungültige Ehen können nur auf das Anrufen desjenigen, welcher das Ehehinderniß zu rügen nach den Gesetzen berechtigt ist, als nichtig aufgehoben werden.

§. 986. Erfolgt dergleichen Nichtigkeitserklärung, so findet bei ungültigen Ehen alles das Anwendung, was von den absolutnichtigen verordnet ist.

§. 987. Wird aber das Ehehinderniß in der Folge gehoben: so muß angenommen werden, daß die Ehe von Anfang an gültig gewesen sey.

§. 988. Ist das Ehehinderniß von dem, welcher dazu berechtigt ist, innerhalb der durch die Gesetze bestimmten Frist nicht gerügt worden, so wird dasselbe für gehoben angesehen. (§. 41—44.) Hierzu gehört endlich auch eine Ehe, welche eingegangen worden, nachdem die vorige Ehe aus einem unverschuldeten Irrthum für getrennt gehalten worden; nach §. 918 und 954—957. (Siehe oben bei den Nichtigkeits-Ursachen).

Nach dem gemeinen katholischen Kirchen-Recht lehrt zuförderst Sanchez *), daß dieser Hindernisse zweierlei sind,

1) solche, die aus keinem Verbrechen entstehen; deren sind folgende 5:

Ecclesiae vetitum, nec non tempus feriatum.
Atque Cathechismus, sponsalia, jungito votum,
Impediunt fieri, permittunt facta teneri.

2) Solche die aus einem Verbrechen entstehen; deren zählt er 7 auf.

Incestus, raptus, sponsalia, mors mulieris.
Susceptus propriae sobolis, mors presbyterialis.
Vel si poeniteat solemniter, aút monialem
Accipiat: prohibent haec conjugium sociandum.

Die meisten von diesen Hindernissen sind nach und nach abgekommen **), oder gänzlich abgeschafft worden, wie z. B. das Impedimentum Catechismi, oder die geistliche Verwandschaft ***).

---

*) A. a. O. lib. VII. disput. 6. §. 5.

**) Trident. sessio. XXIV. c. 2. de reform. matrim.

***) v. Espin. J. Eccl. un. P. II. lit. 13. c. 2.

Gewöhnlich werden noch folgende 4 gerechnet:

1) vetitum ecclesiae, wenn eine Heirath von den geistlichen Obern aus gewissen Gründen verboten worden.

2) Feriae, worunter die Advents- und Fasten-Zeit verstanden wird, quo tempore olim ipse conjugis usus inconveniens habebatur.

3) Sponsalia, welche vorher mit einem andern eingegangen waren. Endlich

4) Votum, wenn jemand das einfache Gelübde der Keuschheit, oder des ehelichen Standes gethan hat *).

Der neuste Lehrer des gemeinen Kirchen-Rechts hat über diesen Gegenstand Folgendes angeführt: **)

Die einfachen Hindernisse des jetzigen canonischen Rechts sind folgende: 1) Die geschlossenen Zeiten, welche sonst nach den Provinzen verschieden bestimmt waren. Nach dem neueren Recht soll während den Advent- und Fastenzeiten nur keine feierliche Abschließung der Ehe Statt finden. Auch bei den Protestanten wird dieses Hinderniß beobachtet. 2) Das Gebot des geistlichen Richters, mit der Abschließung der Ehe einstweilen zu warten. Dieses kommt jedesmal vor, wenn Einsprüche gemacht worden sind, damit diese zuvor beseitigt werden. 3) Ein unfeierliches Gelübde der Keuschheit. In der älteren Zeit wurde die Verletzung eines feierlichen Gelübdes der Keuschheit mit der beständigen Ausschließung von der Kirchengemeinschaft bestraft. Darin lag von selbst, daß die Kirche die Ehe nicht als solche anerkannte, wiewohl sie die bürgerliche

*) Schenkel §. 626. Tom. II. a. a. O.

**) Walter §. 192. a. a. O.

Gültigkeit derselben nicht hindern konnte. Wer gegen ein unfeierliches Gelübde eine Ehe einging, mußte sich wenigstens einer zeitigen Kirchenbuße unterwerfen, doch bleibt die Ehe gültig. Als später die Trennung zwischen dem kirchlichen und dem bürgerlichen Eherecht aufhörte, und die Kirche allein die Jurisdiction in Ehesachen erhielt, so war es natürlich, daß sie die gegen ein feierliches Gelübde eingegangene Verbindung auch factisch trennte. Hieraus entstand also von selbst der Satz, daß das feierliche Gelübde ein trennendes, das unfeierliche nur ein aufschiebendes Hinderniß sey. Als feierliches Gelübde gilt aber jetzt nur die Annahme der höheren Weihen, und der Eintritt in den Mönchsstand. Bei den Protestanten fällt dieses Hinderniß weg. 4) Ein bestehendes Verlöbniß mit einer andern Person. — Alle diese Hindernisse sind in sofern öffentliche, als sie vom Pfarrer auch von Amtswegen berücksichtigt werden; daher geht auch der Trauung immer die Frage vorher, ob man durch ein geistliches Gelübde oder ein Verlöbniß gebunden sey?

Hiernach ergiebt sich eine große Verschiedenheit zwischen den Ehehindernissen des gemeinen und des preußischen Rechts. Die Lehrer des Kirchen-Rechts finden es mit der Religion verträglich, daß die weltliche Macht, eben so wie die geistliche verordnen kann, daß manche Ehen nichtig, und andere ungültig sind *).

1) Wegen der allgemeinen bürgerlichen Wohlfahrt: Neque Christus bono publico, aut principum potestati derogasse scitur,

---

*) Schenkel §. 620. l. c.

2) wegen des Wesens der Ehe, in soweit sie die Natur eines Contracts hat.

3) wegen des guten, oder bösen Erfolgs. Endlich ist dies

4) die Praxis der frömmsten Fürsten gewesen: id genus impedimentorum statuentium, et de impedimentis judicantium. Quis principes usurpatae potestatis ausit accusare; certe id ecclesia adeo nunquam fecit *). Doch setzen die Lehrer des Kirchenrechts hinzu: **) Quoniam ratio sacramenti in matrimonio dignior est, atque etiam bonum civitatis publicum satis promoveri vulgo potest per leges civiles, quae non ipsum contractum, attamen effectus temporales perimunt: dudum potestas impedimenta statuendi ipsum matrimonii contractum dirimentia soli ecclesiae est relicta, vel saltem non exercita amplius a principibus, qui suas circa Christianorum matrimonium constitutiones salvo contractus valore ad solos effectus civiles restringere solent.

Am schärfsten distinguirt Sanchez ***), welcher zwar die Meinungen derer anführt, welche dem, selbst katholischen Landesherren, nicht die Befugniß zugestehen, Wichtigkeits-Gründe, oder impedimenta dirimentia gesetzlich zu bestimmen, weil die Ehe ein Sacrament sey; allein er widerlegt diese Meinungen, cum potestas re-

---

*) S. Augustin. de civit. Dei. L. XV. c. 16. S. Ambrosius. Epist. 84.

**) Schenkel §. 621. Tom. II.

***) Lib. VII. Dissertat. 3.

gia ad tranquillitatem et bonum reipublicae tuenda, sit potissimum instituta: ejus est, id quod ad hunc finem obtinendum desideratur, providere; quale est circa matrimonia ineunda sancire, illa impediendo et irritando. Inde enim maxime tenet tranquillitas, et recta reipublicae gubernatio. Er fährt fort, daß der Landesherr bürgerliche Contracte aufheben könne, wenn es das öffentliche Wohl erfordert; daher könne er es auch in Ansehung der Ehe, in soweit sie ein Contract ist. Daß die Ehe aber auch zugleich ein Sacrament ist, schadet nichts, da die Materie dieses Contracts ein bürgerlicher Vertrag ist. Waren daher gewisse Personen unter gewissen Umständen unfähig erklärt worden, einen Vertrag abzuschließen, so wird auch ihr Vertrag ungesetzlich und unkräftig. Denn wenn man die Ehe lediglich als Sacrament ansieht; so konnte auch die Kirche nicht darüber verfügen, indem sie dasselbe aufzulösen unternähme. Vielmehr gründet sich, wie bereits oben erwähnt, auch die Macht der Kirche in dieser Beziehung, auf den in der Ehe befindlichen bürgerlichen Vertrag, welcher die Materie des Sacraments der Ehe ausmacht *). Damit stimmen überein: Petrus de Soto **), Bellarmin ***), Enriquez ****), Petrus de Lederma †) u. a. m. Doch fügt Sanchez ebenfalls hinzu: daß die Kirche den

*) Sanchez a. a. O. Lib. VII. Disp. 3. §. 2.

**) De matrim. 4. d. 39.

***) De matrim. c. 32.

****) Lib. 12. de matrim. c. 1.

†) Qu. 50. de matrim. ant. 1.

katholischen Landesherren den Gebrauch dieser Gewalt untersagen könne, indem sie sich dieselbe selbst vorbehält. Quoniam potestas temporalis est subjecta spirituali ipsique subordinata in ordine, ad finem spiritualem, et supernaturalem *). Hieraus folgert er:

1) non esse integrum hodie principi seculari fideli disponere aliquid circa matrimonia fidelium impedienda, aut dissolvenda, quoniam pontifex hanc sibi potestatem reservavit, et merito quidem. Quippe cum matrimonii contractus hodie limites naturae excedat, et ad esse supernaturale Sacramenti elevatus sit, dedecet, ut tanti sacramenti dispositio ad principes seculares pertineat. Dagegen zeigt er aber auch: **)

2) daß nicht katholische Fürsten Ehehindernisse zum Besten des Staates festsetzen können. Dieß beruhet auf ihrer Machtvollkommenheit, indem sie von dem Vorbehalt der Kirche nicht eingeschränkt sind, und bemerkt dabei: ***)

Id vero monuerim, fideles subditos infidelibus principibus, utpote qui eorum oppida inhabitant, adstringi legibus eorum justis irritantibus matrimonia, in omnibus iis casibus, in quibus ad alias eorum leges tenentur. Quare si cum eo dirimenti impedimento contrahant, erit nullum matrimonium. Quia ratio Sacramenti superaddita matrimonio fide-

*) Sanchez Lib. VII. disp. 3. §. 2.

**) Ib. §. 5.

***) Ib. §. 7.

lium, non impedit in principibus potestatem impedimenta dirimentia statuendi, sed sola reservatio pontificis, quae ad principes infideles extendi nequit. Eben so folgert Sanchez

3) daß der katholische Landesherr auch für seine nicht katholische Unterthanen solche Hindernisse gesetzlich festsetzen könne, welche eine Ehe nichtig machen. Denn der Vorbehalt der Kirche fällt bei den Nicht-Katholiken weg, da bei ihnen die Ehe für kein Sacrament gehalten wird. Sanchez schließt diese Materie mit folgenden praktischen Bemerkungen: Wenn ein Katholik unter der Landeshoheit eines nicht katholischen Fürsten, eine nach den kirchlichen Gesetzen nichtige Ehe eingeht; so ist sie nichtig, selbst wenn sie nach den Landes-Gesetzen gültig wäre, weil die Gesetze der Kirche für alle Katholiken gleich verbindlich sind. Dagegen würde eine nach bürgerlichen Gesetzen eines Landes nichtige Ehe eines Katholiken kirchlich gültig seyn, wenn sie außer Landes vollzogen würde, weil diese Landes-Gesetze außer den Gränzen desselben keine Kraft haben. Wenn dagegen dasselbe weltliche Ehehinderniß auch an dem Ort, wo die Ehe vollzogen worden, Gesetzeskraft hätte; so würde diese Ehe nichtig seyn. Quia peregrini adstringuntur legibus communibus suae patriae et loco in quo reperiuntur. Wenn aber an dem fremden Orte dasselbe Ehehinderniß nur nach dem gemeinen Kirchen-Recht vorhanden wäre; so würde eine Ehe von Nicht-Katholiken zu Recht beständig seyn, da das Kirchen-Recht nicht allgemeines Gesetz ist; sondern nur die Katholiken

bindet

bindet *). Das neuste Kirchen-Recht lehrt hierüber folgendes: **)

Da das Eherecht seinen Grundzügen nach auf ausdrücklicher Offenbarung beruht, so folgt daraus von selbst das Recht der Kirche, alles zu entfernen, was sie damit für unvereinbar erkennt. Ihr Verhältniß zum Staat kann darin üm so weniger etwas ändern, als sie vielmehr in einem nicht christlichen Staat die Aufgabe hat, das geoffenbarte Gesetz zu bewahren, und nach und nach allgemein geltend zu machen, von einem christlichen Staat aber dessen Uebereinstimmung mit den Gesetzen der Kirche zu verlangen berechtigt ist. Doch wird ihm dadurch das Recht nicht entzogen, auch seinerseits gewisse Vorschriften über die Ehe aufzustellen, so lange diese nur nicht mit der kirchlichen Ordnung in Widerspruch gerathen. Auf diese Verhältnisse zwischen Kirche und Staat bezieht sich die Eintheilung in die kirchliche und bürgerliche Ehe (matrimonium ratum vel legitimum). Die Befugniß zu dispensiren, geht gewöhnlich dem Gesetzgebungsrecht entsprechend, ist aber nach der bestehenden Praxis auf folgende Art vertheilt. Von allen bloß aufschiebenden Hindernissen kann schon der Bischof dispensiren, die Hindernisse aus einem Verlöbniß und aus einem unfeierlichen Gelübde der Keuschheit ausgenommen, wovon der Pabst dispensiren muß. Von den trennenden Hindernissen dispensirt nur der Pabst, ausnahmsweise aber schon der Bischof, wenn der Verkehr mit dem päbstlichen Stuhl unmöglich ist, auf dem Todesbett und in an-

*) Sanchez a. a. O. §. 10.

**) Walter a. a. O. §. 199.

deren Nothfällen. Wird eine Dispensation bei dem Pabst nachgesucht, so geschieht dieses entweder wegen eines allgemein bekannten (pro foro externo) oder wegen eines geheimen Hindernisses (pro foro interno). Im ersten Fall wird die Supplik an den Pabst selbst gerichtet, welcher sie der Datarie zur Erledigung übergiebt. Hat diese die Dispensation ertheilt, so wird sie mittelbar durch den Bischof des Bittstellers (in forma commissoria), wobei der Bischof der Braut vorgeht, exequirt, nachdem sich dieser von allen Umständen überzeugt hat. War ein trennendes Hinderniß vorhanden, und die Ehe bereits abgeschlossen, so muß sie von Neuem feierlich eingegangen werden. An die Datarie werden gewisse Gebühren bezahlt, die nach dem Vermögen des Supplikanten (pro nobilibus et pauperibus) sehr verschieden sind. Bei geheimen Hindernissen wendet man sich an den Cardinal Pönitentiar, welcher die etwanige Dispensation durch einen Doktor der Theologie oder des canonischen Rechts, den sich der Bittsteller als Beichtvater erwählt hat, durchaus unentgeldlich vollführen läßt. Doch würkt sie nur für das Gewissen (pro foro interno), auch ist eine neue Abschließung der Ehe nie nothwendig. Dispensationen sollen aber überhaupt nur sparsam, und aus bestimmten Gründen ertheilt werden. Wie weit namentlich bei Verwandschafts-Verhältnissen Dispensen möglich sind, ist nicht genau gesagt; wohl aber wird umgekehrt die Ansicht verworfen, als ob die im alten Testament verbotenen Verwandschaftsgrade gerade sämmtlich indispensabel seyen. — Bei den Protestanten dispensirt der Landesherr entweder in Person oder durch die Consistorien, wofür ebenfalls gewisse Gebühren entrichtet werden. Die Meinung der älteren protestantischen Theologen, daß Dispensen nur bei nicht schon im mosaischen Recht verbotenen Ehen zulässig seyen, ist in den meisten Ländern wieder aufgegeben.

Das Allgemeine Landrecht setzt in Preußen hierüber folgendes fest. §. 10. Tit. 1. Th. II.

In den durch die Gesetze des Staats schlechterdings verbotenen Graden findet keine Dispensation, sie werde ertheilt von wem sie will, mit rechtlicher Wirkung statt. Dies sind folgende:

§. 3. Ehen zwischen Verwandten in auf- und absteigender Linie sind gänzlich verboten.

§. 4. Auch Ehen zwischen voll- und halbbürtigen in oder außer der Ehe erzeugten Geschwistern, sind unzuläßig.

§. 5. Stief- oder Schwiegerältern dürfen sich mit ihren Stief- oder Schwiegerkindern, ohne Unterschied des Grades, nicht verheirathen.

§. 11. In wiefern aber katholische Glaubensgenossen, in den durch die Landesgesetze erlaubten Fällen, die Dispensation der geistlichen Obern, nach den Grundsätzen ihrer Religion nachzusuchen haben, bleibt dem Gewissen derselben überlassen.

§. 12. Doch verliert eine Ehe, welche nach den Landesgesetzen erlaubt ist, dadurch, daß die Dispensation der geistlichen Obern nicht nachgesucht, oder versagt worden, nichts von ihrer bürgerlichen Gültigkeit.

§. 63. des Anhangs zum A. L. R. Es macht dabei keinen Unterschied, ob nur einer oder ob beide Theile der katholischen Religion zugethan sind.

Nach allem dem Vorstehenden kann es also Ehehindernisse geben, welche lediglich im gemeinen Kirchen-

Recht vorkommen, und andere, welche nur in den bürgerlichen Gesetzen begründet sind.

Zugleich hat sich ergeben, wie wichtig eine genaue Kenntniß dieser Verschiedenheiten ist; wir gehen daher jetzt zu der genauern Gegeneinanderstellung derselben über, und werden zuerst die rein civilrechtlichen Ehehindernisse des Preuß. Allgem. Landrechts; sodann aber die rein kirchengesetzlichen Ehehindernisse aufführen.

I. Nichtigkeits-Gründe

oder auflösende Ehehindernisse, (impendimenta diri-mentia), nach dem

A. Preußischen Landrecht allein,

die es nach dem gemeinen Kirchen-Recht nicht sind.

1) Veranlassung zur gerichtlichen Trennung der vorher bestandenen Ehe, nach dem §. 26. Tit. 1. des A. L. R. Th. II., selbst wenn dies nur durch verdächtigen Umgang, oder durch sonst gestiftete Mißhelligkeiten geschehen ist.

Dieses Ehehinderniß, welches Beförderung der Moralität bezweckt, konnte in dem gemeinen Kirchen-Recht nicht vorkommen, da es Ehescheidungen für unzuläßig erklärt *). Conjuges propter alterius crimen non separantur, nisi spiritualiter fornicantur: et tunc durat Conjugium, iis etiam separatis. Denn Pabst Alexander III. sagt ausdrücklich: quia licet separentur, semper tamen conjuges erunt. Dies ist

*) C. 2, X. de Divort.

auch im Tridentinischen Concilium aufs neue festgestellt worden *).

Das A. L. R. schränkt dies Ehehinderniß aber nur auf den Fall ein, wenn ein solches Verhältniß in dem Ehescheidungs-Prozeß gerügt worden ist; so daß eine spätere Anzeige darüber keine Rücksicht verdient.

2) Der ermangelnde Consens der Vorgesetzten bei Militair-Personen, nach §. 34. Tit. 1. Th. II. des A. L. R. **); bei Offizieren wird diese Einwilligung von dem König unmittelbar nachgesucht, und gewöhnlich nur dann ertheilt, wenn die Einkünfte der Eheleute außer dem Gehalt 600 Rthl. betragen. Durch Schwängerung kann ein Offizier den Consens nicht erzwingen; sondern er hat die nachtheiligen Folgen seiner Verführung nach der Cabinets-Ordre vom 29. November 1802 zu erwarten.

Dieses Ehehinderniß ist dem gemeinen Kirchen-Recht ganz fremd.

3) Ungleichheit des Standes, nach §. 30. Tit. 1. Th. II. des A. L. R. seq.

Mannspersonen vom Adel dürfen mit Weibspersonen aus dem Bauern- oder geringern Bürger-Stande ***)

---

*) Sess. XXIV. cap. 7. de sacr. matr. si quis dixerit, ecclesiam errare, cum docet: propter adulterium matrimonium non posse dissolvi, — anathema sit.

**) A. L. R. Th. I. Tit. 1. §. 34. Anhang §. 65. dieselbe Verordnung vom 1. Sept. 1798. Cabinets-Ordre vom 4. Sept. 1798. Cabinets-Ordre vom 29. November 1802. Rescript vom 25. Januar 1799.

***) A. L. R. Th. II. Tit. 1 §. 31.

§. 31. Zum höhern Bürgerstande werden hier gerechnet, alle öffentliche Beamte (die geringern Subalternen, deren Kin-

sich nicht verehlichen. Nach einem Rescript vom 7ten April 1810, sind schon Verbindungen adlicher Töchter mit Personen geringeren Standes, ohne weitere Dispensation erlaubt. In Ansehung der Adlichen männlichen Geschlechts dauert aber dies Ehe-Verboth noch fort; ohnerachtet nach dem liberalen Edict vom 9ten Oktober 1807 (das Preußen hauptsächlich seinem ausgezeichneten Minister von Stein verdankt), jeder Edelmann, ohne Nachtheil seines Standes, jedes bürgerliche Gewerbe zu treiben befugt ist.

Die Fortdauer dieses Ehe-Verbots hat entweder darin seinen Grund, daß man die Ehen Adlicher erschweren will, damit der Adel nicht zu allgemein werde, da ein armer Adel — wie in Pohlen — zur Karrikatur wird; oder man hat den Adel so rein als möglich erhalten wollen, damit er zu jeder Zeit wieder mit unvermischtem Blut und altem Glanz auftreten kann. Uebrigens scheint auf die Beobachtung dieses Gesetzes nicht streng in allen Fällen gehalten zu werden; denn es könnten leicht Fälle bezeichnet werden, wo ein adlicher Canzellist oder Zoll-Aufseher, eine reiche Brauers- oder Gastwirths-Tochter, ohne solchen Consens geheirathet; auch würde der reiche Schwiegervater sich sehr gewundert haben, wenn man außer seiner, nur ungern ertheilten Einwilligung, noch eine andere erfordert hätte, da er die Ehre des adlichen Schwiegersohns eben nicht hoch anschlagen mochte.

---

der in der Regel dem Canton unterworfen sind, ausgenommen); Gelehrte, Künstler, Kaufleute, Unternehmer erheblicher Fabriken, und diejenigen, welche gleiche Achtung mit diesen in der bürgerlichen Gesellschaft genießen.

Die diesfallsigen Vorschriften des A. L. R. sind in der Cabinets-Ordre vom 7. April und dem Rescript vom 13. Juny 1810 enthalten; so wie in dem vom 15. November 1817; worin bestimmt ist, wie um deswillen, daß sich ein Mann, der nur ein geringes Gewerbe getrieben hat, durch Geist und Herz vorzüglich bewährt gezeigt hat, und dieserhalb von seinem Gewerbe besonders geschätzt worden ist, er noch nicht zum höhern Bürgerstande gezählt werden kann.

In Schlesien gilt über diesen Gegenstand das Edict vom 27. December 1763.

Dieses Ehehinderniß ist dem gemeinen Kirchenrecht nicht bekannt.

B. Die rein gemein kirchenrechtliche Ehe-Hindernisse sind folgende:

1) Alles was die freie Einwilligung aufhebt, als

a. Gewalt. Hierüber sagt Pabst Urban: Quorum enim unum corpus est, unus debet esse et animus: ne forte virgo, cum forte fuerit alicui invita copulata, contra domini apostolique praeceptum, aut reatum dissidii, aut crimen fornicationes incurrat *). Eben dasselbe findet bei Androhung eines wirklichen Uebels statt; nach dem Ausspruche des Pabst Honorius III.: de illato metu est cum diligentia inquirendum: et si talis metus inveniatur illatus, erunt non immerito audiendae **).

b. Irrthum. Das Corpus Juris Canonici sagt hierüber: ***) qui autem errat, non sentit; non

*) C. 4. c. XXXI. qu. 2.

**) C. 28. X. de sponsol.

***) Gratian ad c. XXIX. q. 1.

ergo consentit, id est simul cum aliis sentit. Haec autem erravit; non ergo consensit: non itaque conjux est apellanda, quia non fuit ibi consensus utriusque, sine quo nullum matrimonium esse potest.

c. Betrug und Arglist. Darüber hat Pabst Innocens III. bestimmt: *) Quoniam ex altera parte dolus solummodo affuit, et defuit omnino consensus, sine quo caetera nequeunt foedus perficere conjugale.

Die vorstehenden, die freie Einwilligung aufhebenden Umstände, sind nach dem Allgem. Preuß. Landrecht keine Nichtigkeits-Gründe im Sinn des Gesetzes **). Denn wenn auch in §. 39. Tit. 1. Th. II. des A. L. R. solche Ehen nichtig genannt worden; so ist dies doch nur ein Mangel der Bestimmtheit des Ausdruckes, wie der Zusammenhang in folgenden Paragraphen zeigt.

§. 39. So weit eine Willenserklärung überhaupt, wegen Mangels persönlicher Fähigkeiten, oder wegen Zwangs, Furcht oder Betruges unverbindlich ist, so weit ist auch eine unter solchen Umständen geschlossene Ehe nichtig. Th. I. Tit. 4. §. 31. seq.

§. 40. So weit eine jede Willensäußerung wegen Irrthums unkräftig ist, so weit hebt ein solcher Irrthum auch die Einwilligung in eine Heirath auf, wenn in der Person des künftigen Ehegatten, oder in solchen persönlichen Eigenschaften, welche bei Schließung einer Ehe

---

*) C. 26. X. de sponsol.

**) A. L. R. Th. II. Tit. 1. §. 980. seq. besonders §. 983. wo solche Ehen unter die ungültigen gerechnet worden.

von dieser Art, vorausgesetzt zu werden pflegen, geirrt worden ist. (Ebend. § 75—83.)

§. 41. Eine durch Zwang, Betrug oder Irrthum veranlaßte Ehe wird verbindlich: wenn sie nach entdecktem Betruge, oder nach aufgehobenem Zwange, ausdrücklich genehmigt, oder länger als sechs Wochen nach diesem Zeitpunkte freiwillig fortgesetzt worden.

§. 42. Ist der angeblich gezwungene, betrogene oder sonst im Irrthum gewesene Theil verstorben; ohne die Nichtigkeit der Ehe zu rügen: so kann die Ehe von dessen Erben nicht mehr angefochten werden.

§. 43. Ist jedoch aus einer angeblich erzwungenen Ehe kein Kind vorhanden: so haben die Erben des unschuldigen Theils ein Recht, auf die Nichtigkeit dieser Ehe zu klagen *).

2) Das Unvermögen zur ehelichen Beiwohnung, nach der Bestimmung des Pabstes Benedict **). Vir et mulier si se conjunxerint, et postea dixerit mulier de viro, quod non possit coire cum ea, si potest probare quod verum sit, accipiat alium. Dies Unvermögen muß aber schon vor der Ehe vorhanden seyn ***). Wenn auch Pabst Gregor II. anderer Meinung ist; so bemerkt doch Gratian selbst, daß dies allen Kirchen-Satzungen zuwider läuft ****).

Das Preuß. A. L. R. kennt dieses Ehehinderniß als Nichtigkeits-Grund nicht; dagegen stellt es dasselbe,

---

*) A. L. R. Thl. II. Tit. 1.

**) C. 29. c. XXVII. q. 2. c. 2. c. XXXIII. q. 1. c. 2. 5. X. de frigid.

***) C. 25. c. XXXII. q. 7.

****) C. 18. c. XXXII. q. 7.

selbst wenn ein solches unheilbares Unvermögen erst während der Ehe entstanden ist, als einen gültigen Ehescheidungs-Grund auf *). Nach Sanchez **) ist das eheliche Unvermögen, bei dem Manne: Frigiditas, bei dem Weibe: Arctitudo.

Von dem ersten sagt er: Ad valorem matrimonii non satis est potentia vas femininum penetrandi, sed desideratur potentia seminandi intra illud: quare potens coire, impotens tamen perpetuo ad semen emittendum in vas, vel quia nullo modo seminat, vel quia pro nimio calore, ita praepropere, ut vas expectare nequeat, est incapux matrimonii.

Von der Letztern dagegen bemerkt dieser gründliche Schriftsteller: Quod si femina tam arcta esset, ut, non posset semen intra vas recipere, nec ante aliqua juvari posset, incapax matrimonii foret. Quia nil refert, an ex parte viri, an ex defectu feminae consurgat impotentia seminandi intra vas. Similiter esset incapax matrimonii femina, si prae latitudine cognosci minime possit a viro.

Uebrigens ist nach ihm eine Ehe gültig, si vir seminare possit intra vas, ac femina capax esset, seminis virilis recipiendi, quamvis impotens esset ad seminandum; quippe femineum semen non est necessarium ad generationem, quamvis valde conferat. Nec censendum esset matrimonium nullum, si vir non totum semen possit intra vas fun-

*) A. L. R. Th. II. Tit. 1. §. 696.

**) A. a. O. lib. VII. disp. 91.

dere, sed partem. Auch werden die Ehen ganz alter Frauen für vollkommen gültig erklärt. Quia frigiditas coitum viri senis impediens, ipsi non obstat, utpote quae patiens est, et semen recipit; ad quod calor juvenilis minime desideratur *).

Aus vorstehenden Grundsätzen des gemeinen Kirchen-Rechts folgt, daß ein Kastrat keine Ehe eingehen kann. Dies ist denselben auch noch besonders durch eine eigene Bulle des Pabstes Sixtus V. vom Jahr 1587 verbothen **). Ein solches Verboth kennt das Allgem. Land-Recht in Preußen ebenfalls nicht.

3) Die Entführung. Nach den frühern Begriffen des Kirchen-Rechts war man so strenge, daß der Entführer nie mit der Entführten sich verehlichen konnte. Placuit, ut hi, qui rapiunt foeminas, vel furantur, aut seducant, eas nullatenus habeant uxores, quamvis eis postmodum conveniat, aut eas dotaverint, vel nuptialiter cum consensu parentum acceperint ***). Nach Sanchez gehört zu einer Entführung

a. Gewalt, welche entweder gegen sie selbst, gegen ihre Eltern oder Vormünder gerichtet seyn kann.

b. Daß sie die Befriedigung der Wollust zum Zweck hat.

c. Die Abführung von einem Orte zum andern.

d. Daß die Entführte eine unbescholtene Person sey ****).

---

*) Vergleiche Disp. 102. de impotentia superveniente.

**) Weber a. a. O. §. 193. Sanchez lib. VII. 93.

***) C. 11. c. XXVI. q. 2. verglichen mit c. un. §. 1. c. de rap. virgin. c. 34. c. XXVII. q. 2. c. 1—6. c. XXXVI. q. 2. cap. Reg. Franc. L. 1. c. 99. L. VII. c. 183.

****) Sanchez a. a. O. lib. VII. disp. 12. §. 3. 4.

Hieraus folgt, daß viel Streit unter den Lehrern des Kirchen-Rechts gewesen, ob das Verbrechen der Entführung consummirt gewesen, wenn der Entführer vor Vollziehung des Beischlafs Abstand genommen hat, entweder weil er nicht gewollt, oder, weil er nicht gekonnt hat *). Ferner darüber, ob es für eine Entführung zu halten, wenn eine Lustdirne entführt worden. Diese Frage ist größtentheils zu Gunsten des Entführers entschieden worden, ausgenommen in dem Falle, wenn die Entführte angefangen hatte Buße zu thun. **). Endlich darüber, ob es gleich sey, wenn eine Frauensperson einen Mann entführt hat ***).

Nach dem Preuß. A. L. R. ist Entführung kein Nichtigkeits-Grund, und es kann nur in soweit darauf Rücksicht genommen werden, als eine in Folge derselben geschlossene Ehe, wegen ermangelnder freier Einwilligung angefochten werden kann. Damit stimmt gewissermaßen auch das neuere Kirchenrecht überein; indem die Entführung jetzt nur nach den Grundsätzen des Zwanges beurtheilt wird ****). Denn Pabst Innocens III. sagt: Rapta puella legitime contrahat cum raptore, si prior dissensio transeat postmodum in consen-

*) A. a. O. §. 18. 19. Copola cons. 57. col. 2. Decius cons. 234. mun. 8. vol. 2. Boetius decis. 316. §. 4. Perez lib. 8. ord. Tit. 15.

**) Sanchez a. a. O. §. 23. Menachius de arbit. lib. 2. cent. 3. can. 291. num. 3. Julius Clarus lib. 5. Bermondus Chouer, Grillandus, Gomez, Muscandus, Lopez, Pegueras u. a. m.

***) Sanchez a. a. O. §. 24.

****) C. 7. X. de raptor.

sum: et quod anté displicuit, tandem incipiat complacere, dummodo ad contrahendum legitimae sint personae. Dies ist auch durch das Tridentinische Concilium bestätigt worden *).

4) Eine früher eingegangene Ehe, selbst wenn nach bürgerlichen Gesetzen eine gültige Ehescheidung statt gefunden hat. Denn eine katholische Ehe — falls sie nicht etwa von Anfang nichtig war — ist nach dem Tridentinischen Concilium unauflöslich **).

Nach dem allgemeinen Preuß. Landrecht wirkt die gerichtliche Ehescheidung aber eine gänzliche Aufhebung der Ehe, und aller ihrer Folgen, in Ansehung beider Theile ***), so daß der Wiederverheurathung in den nicht verbothenen Graden nichts entgegensteht ****). Die Ursachen zur Ehescheidung in Preußen sind folgende †):

a. Ehebruch.
b. Bösliche Verlassung.
c. Versagung der ehelichen Pflicht.
d. Unvermögen dazu, und Ekel erregende Gebrechen.
e. Raserei und Wahnsinn.
f. Nachstellung nach dem Leben.
g. Grobe Verbrechen.
h. Unordentliche Lebensart.

*) Sess. XXIV. cap. 6. de ref. matrim. Weber a. a. O. §. 193.

**) Sess. XXIV. c. 7. de sacram. matrim. Schenkel a. a. O. §. 661.

***) A. L. R. Th. II. Tit. 1. §. 732.

****) A. a. O. §. 735. seq.

†) ib. §. 669. seq.

i. Versagung des Unterhalts.

k. Veränderung der christlichen Religion.

l. Unüberwindliche Abneigung bei ganz kinderlosen Ehen.

5) Ein feierliches Gelübde der Keuschheit, wenn die frühere Ehe zwar abgeschlossen, aber noch nicht consummirt ist *). Ist die Ehe ganz consummirt gewesen, so gehört dazu die Einwilligung des andern Theils **). Daher entschied Pabst Gregor auf die Beschwerde der Agathusa, deren Mann gegen ihren Willen in ein Kloster gegangen war, daß dasselbe ihr den Mann wieder herausgeben mußte. Etiamsi jam tonsuratus est, omni excusatione cessante: quia etsi mundana lex praecipit, conversionis gratia utrolibet invito solvi posse conjugium, divina tamen lex non permittit: quia postquam copulatione conjugii, viri atque mulieris unum corpus efficitur, non potest ex parte converti, et ex parte in seculo remanere.

Diese Verhältnisse kennt das Preuß. Allgem. Land-Recht nicht.

6) Die höhern Weihen. Pabst Alexander III. befiehlt, daß wenn ein Subdiaconus, Diaconus, oder gar ein Presbiter heurathen sollte, sie sofort ihre Frauen entlassen müßten: et poenitentiam agere de commisso, per suspensionis et excommunicationis sententiam compellere procuretis ***). Wenn aber ein Geistlicher mit den 4 niederen Weihen heurathet, so ist

*) Conc. trident. Sess. XXIV. can. 6. de sacr. matrim.

**) C. 19—26. c. XXVII. q. 2. c, 1—11. c. XXXIII. q. 5.

***) C. 1. X. de celr. conjug.

er anzuhalten, das geistliche Amt aufzugeben, und die Ehe fortzusetzen *).

Dieses Ehehinderniß ist dem Preuß. A. L. R. ebenfalls fremd.

7) Ehebruch, und zwar dann

a. wenn er unter dem Versprechen der künftigen Verheurathung geschehen,

b. wenn damit Nachstellungen nach dem Leben verbunden gewesen **).

Das Letztere stimmt mit dem Preuß. A. L. R. überein, das Erstere aber nur dann, wenn im Ehescheidungs-Prozeß der Ehebruch gerügt worden ***).

Das Oesterreichische Civil-Gesetzbuch erklärt Ehen zwischen 2 Personen für nichtig, welche Ehebruch mit einander begangen haben, wenn der Ehebruch vor der geschlossenen Ehe bewiesen ist ****). Das letzte rein kirchenrechtliche Hinderniß ist endlich:

8) wenn die Ehe vor einem Geistlichen geschlossen worden, der nicht der Parochus wenigstens des einen der beiden Eheleute ist †).

Nach dem Preuß. A. L. R. ist dies jedoch keinesweges ein Nichtigkeits-Grund; sondern es heißt darüber ausdrücklich ††):

*) c. 1. 2. X. qui cler. Concil. trident. sess. XXIV. can. 9. de sacr. matr. c. un. extr. Joh. XXII. de voto.

**) c. 1. 3. 6. X. de eo qui duxit eccl. c. 3. c. 31. q. 1.

***) §. 25. seq. a. a. O. Rescript vom 11. März 1799. Cabinets-Ordre vom 15. März 1803. Rescr. vom 27. October 1810.

****) Oesterr. bürgerl. Gesetzbuch §. 67.

†) Conc. trident. sess. 24. c. 1. de ref. matrim.

††) A. L. R. Th. II. Tit. 1.

§. 169. Daß die Trauung nicht von dem gehörigen Pfarrer vollzogen worden, macht die Ehe selbst nicht ungültig.

§. 170. Wer aber, um die Gesetze des Landes unwirksam zu machen, in fremden Landen sich trauen läßt, hat außer den übrigen rechtlichen Folgen der Nichtigkeit oder Ungültigkeit einer solchen gesetzwidrigen Ehe, auch noch eine fiskalische Strafe von Zehn bis Dreihundert Thalern verwirkt.

Hiernach ergeben sich

C. Diejenigen Ehehindernisse, in denen das gemeine Kirchen-Recht mit dem Preuß. A. L. R. übereinstimmt.

Diese sind:

1) vorhergegangener Ehebruch in dem vorhin angegebenen Falle, wenn Nachstellungen nach dem Leben damit verbunden gewesen sind.

2) Mord des ersten Ehegatten, auch schon Nachstellungen nach dem Leben, selbst wenn die Ehe durch natürlichen Tod getrennt worden ist *).

3) Gänzliche Verschiedenheit der Religion **).

Die Ehen zwischen Katholischen und Akatholiken, worunter nach dem gemeinen Kirchen-Recht gewöhnlich die Evangelischen verstanden worden, sind gültig; nach den neusten Lehrern des Kirchenrechts ***).

Schon

*) C. 6. X. de eo qui duxit eccl. c. 1. X. de convers. infid. A. L. R. Th. I. Tit. 1. §. 28.

**) C. 6. C. de jud. c. 15. c. XXVIII. q. 1. c. 17. eod. Concil. Tolet. IV. c. 10. c. XXVIII. q. 1. A. L. R. §. 36. l. c.

***) Weber a. a. O. §. 193. Benedict XIV. de synod. dioeces. L. VI. c. 1.

Schon das Decretalen-Recht führt an *): si quis uxorem habet infidelem, et haec consentit habitare cum illo, non dimittat illam. Sanctificatus enim est vir infidelis per mulierem fidelem, et sanctificata est mulier infidelis per virum fidelem **), und decernit Innocent. Papa IV. quod propter haeresim maritorum, uxorum acatholicorum dotes non debeant confiscari ***). Auch Sanchez erklärt die Gültigkeit solcher Ehen für den Gebrauch der Kirche ****).

4) Polygamie. Nach dem Allg. Preuß. Landrecht kann ein Mann nur eine Frau, und eine Frau nur einen Mann zu gleicher Zeit zur Ehe haben †). Dies bestimmt auch nach Matth. XIX. 3—9. das gemeine Kirchen-Recht ††). Nach beiden Gesetzgebungen gilt nur die erste Ehe, wenn sich jemand wieder verheirathet hatte, weil er aus Irrthum den ersten Ehegatten für todt hielt †††).

Die nach beiden Gesetzgebungen verschiedenen Ansichten über die Zuläßigkeit gerichtlicher Ehescheidungen, sind bereits oben erörtert worden.

---

*) C. 16. c. XXVIII. q. 1.

**) 1. Cor. 7.

***) C. 14. de häretic. in VI.

****) A. a. O. lib. VII. disp. 72. §. 2. seq.

†) Th. II. Tit. 1. §. 16. u. §. 948.

††) C. 8. X. de Divont. Conc. trident. sess. XXIV. can. 2. de sacr. matrim.

†††) §. 948. §. 954. seq. des A. L. R. Th. II. ib. c. 1. c. XXXIV. q. 1. c. 2. eod.

5) Verwandtschaft in zu nahen Graden, ist nach dem gemeinen Kirchen-Recht sowohl, als auch nach dem Preuß. A. L. R. ein Nichtigkeitsgrund der Ehe. Allein über die verbotenen Grade der Verwandtschaft waltet große Verschiedenheit ob.

Nach dem Preuß. A. L. R. sind nur verboten *), Ehen zwischen

a. Verwandten in auf- und absteigender Linie; es mögen die rechten Eltern, oder Stief- oder Schwieger-eltern seyn, mit ihren rechten Stief- oder Schwiegerkindern, ohne Unterschied des Grades.

b. Zwischen voll- und halbbürtigen Geschwistern.

Es macht keinen Unterschied, ob diese Verwandtschaft ehelich oder außerehelich ist, und keine Dispensation findet hiervon statt. Dennoch kann in seltnen Fällen die Einwilligung des Oberhaupts des Staats nachgesucht werden, wenn zwischen dem einen Ehegatten, und den mit einem andern Vater oder Mutter, vor dieser Ehe erzeugten unehelichen Kindern des Andern eine Ehe geschlossen werden soll **). Auch bedarf es einer solchen Dispensation, wenn jemand die Schwester seines Vaters, oder seiner Mutter, oder eines weitern Verwandten in aufsteigender Linie, wenn sie an Jahren älter ist, heirathen will ***). Seine jüngere Tante also kann jeder heirathen, so wie auch Schwägerschaft nicht zu den verbotenen Graden gehört.

*) A. L. R. Th. II. Tit. 1. §. 3. 4. 5.

**) Anhang zum A. L. R. §. 62.

***) A. L. R. it. §. 8.

Das gemeine Kirchen-Recht dagegen unterscheidet zwischen Verwandtschaft Consanguinitas, und Schwägerschaft affinitas.

Die erstere ist wieder

a. natürliche Verwandtschaft. Nach dieser ist die Ehe verboten zwischen De und Ascendenten, wie nach dem Preuß. Allg. Land-Recht. In der Seiten-Linie war die Verheirathung seit Pabst Alexander II. (1065), bis zum siebenten Grade der kanonischen Rechnung verboten *). Innocenz III. schränkte dies aber 1216 bis auf den vierten Grad ein: **). Mit den Worten: Non debet reprehensibile judicari, si secundum varietatem temporum, statuta quandoque varientur humana, praesentim cum urgens praestitas, vel evidens utilitas id exposcit: quoniam ipse deus ex his, quae in veteri testamento statuerat, nonnulla mutavit in novo. — Prohibitio copulae conjugalis quantum consanguinitatis et affinitatis gradem non excedat: Quaternarius vero numerus bene congruit prohibitioni conjugii corporalis, quia quatuor sunt humores in corpore, qui constant ex quatuor elementis.

Hiernach stimmen beide Gesetzgebungen in Ansehung des ersten Grades der Seiten-Verwandtschaft überein. In Ansehung der 3 weiteren Grade aber steht ein rein kanonisches Hinderniß entgegen.

Außerdem giebt es aber auch nach dem gemeinen Kirchen-Recht

---

*) C. 2. c. XXXV. q. 5.

**) C. 8. X. de consanguinitate et affinitate.

b. eine nachgebildete Verwandtschaft; welche wieder in die bürgerliche und geistliche eingetheilt wird; je nachdem die Fiktion durch das bürgerliche, oder du ch das Kirchenrecht eingeführt worden ist. I. Die bürgerliche Verwandtschaft entsteht durch die Adoption *). Die Verbote des römischen Rechts in dieser Hinsicht beruhen zum Theil darauf, daß durch die Adoption, so lange sie besteht, ein Ägnationsverhältniß zu den Agnaten des Adoptivvaters hervorgebracht wird. Es ist daher, aber nur während der Adoption, die Ehe des Adoptivkindes mit den wirklichen Kindern und Enkeln, die in der Gewalt des Adoptivvaters stehen, untersagt, mit dessen übrigen Cognaten aber in der Regel erlaubt. Doch giebt es sowohl von diesem wie von dem obigen Grundsatz Ausnahmen, die auf allgemeinen Rücksichten der Schicklichkeit zu beruhen scheinen. Es verbietet nämlich

1) die Ehe des Adoptivkindes mit denen welche durch Adoption mit ihm in elterliche Verhältnisse gekommen sind, auch nach getrennter Adoption.

2) Die Ehe des Adoptivvaters mit der Frau des Adoptivsohnes ebenfalls, sogar nach aufgehobener Adoption.

3) Die Ehe des Adoptivkindes mit der Schwester, Mutter, Vater- oder Mutterschwester des Adoptivvaters, jedoch nur während der Adoption. Das canonische Recht verweist an mehreren Orten auf das römische Recht. —

---

*) C. 1. c. XXX. q. 3. u. c. 5. u. c. eod. c. un. X. de cognatione legali §. 1. J. de nupt. ff. 17. pr. §. 1. de rit. nupt.

II. **Die geistliche** Verwandtschaft entsteht aus der Taufe und aus der Firmung *). Nach der Vorstellung nämlich, daß die Taufpathen eine geistliche Adoption vornehmen, und nach dem Beispiel Justinians wurden daraus allmählig sehr ausgedehnte Eheverbote abgeleitet, und diese auch auf die Pathen bei der Firmung angewendet. Es war demnach selbst bei Strafe der Nichtigkeit die Ehe verboten zwischen dem Täufling und den Pathen, zwischen dem Täufling und den wirklichen Kindern des Pathen, zwischen dem Pathen und den wirklichen Eltern des Täuflings, dieses jedoch nicht überall bei Strafe der Nichtigkeit. Man wandte letzteres Verbot selbst gegen die Frau des Mannes an, der bei seinem eignen Kinde Pathe gewesen war. Nach dem Concilium von Trident besteht aber eine geistliche Verwandtschaft blos zwischen dem Taufenden und den Pathen einerseits, zu dem Täufling und dessen Eltern andrerseits. Eben so bei der Firmung **). — Die Protestanten haben die geistliche Verwandtschaft ganz verworfen. Darum ist davon im Preuß. A. L. R. gar nicht die Rede, und auch das Adoptiv-Verhältniß wird nach dieser Gesetzgebung nicht für einen Nichtigkeits-Grund gehalten ***). Es erscheint daher die nachgebildete Verwandtschaft als ein rein kirchenrechtliches Ehehinderniß, mit der Wirkung, daß eine dabei dennoch geschlossene Ehe nichtig ist.

In Ansehung der **Schwägerschaft** (affinitas),

*) C. 26. C. de nupt. c. 5. c. XXX. q. 1.

**) Conc. Trid. sess. 24. cap. 2. de ref. matr.

***) A. L. R. Th. II. Tit. 1. §. 947—979.

unterscheidet das gemeine Kirchen-Recht auch die wirkliche Schwägerschaft und die nachgebildete.

Was nun die wirkliche Schwägerschaft betrifft, so muß die Schwägerschaft die aus der Ehe entsteht (affinitas legitima) von der außerehelichen unterschieden werden. Das mosaische Recht trifft hier häufig mit dem Verbot der Polygamie zusammen. Das römische Recht *) verbietet in der graden Linie die Ehe mit der Schwieger- und Stieftochter, und umgekehrt mit der Schwieger- und Stiefmutter, was auch auf die entfernteren Grade ausgedehnt wird; in der Seitenlinie mit der Frau des verstorbenen Bruders und mit der Schwester der verstorbenen Frau. Von dem ältesten canonischen Recht ist nicht bekannt, daß es mehr als diese Verbote aufstellte, das spätere hingegen verbietet wegen der Einheit des Fleisches **), welche bei den Ehegatten Statt findet, die Ehe unter Verschwäger-

*) C. 5. X De consanguinitate et affinitate. c. 3. c. XXXV. q. 5. Levit. XVIII 8 15—18. ebendaselbst. XX. 11. 12. 14. 20. 21. Deutronom. XXVII. 22. §. 6. 7. F. de nupt. c. 17. C. de nupt. Conc. Neocaesar. a. 314. c. 3. Mulier si duobus fratribus nupserit, abjiciatur usque ad mortem. Capit. Dagobert. II. a. 630. Tit. VI. c. 1. Pact. Leg. Salic. a. 798. Tit. XIV. c. 16. Aequaliter vir conjugatur consanguineis propriis, et consanguineis uxoris suae. c. 13. c. XXXV. q. 2. In parentela propria et conjugis eadem consanguinitas est observanda. c. 14. c. XXXV. q. 2.

**) Extraordinaria pollutio non nisi in naturalibus admissa, vel saepius reiterata citra maritalem affectum, non videtur matrimonium impedire, quamvis ipsa sit criminosa et damnabilis. c. 11. c. XXXV. q. 2.

ten eben so unbedingt, wie unter Blutsverwandten, d. h. bis in den siebenten Grad. Die nähere Berechnung desselben litt nun dieselben Veränderungen wie bei der Verwandtschaft. Einige drückten ihn anfangs richtig als die dritte und vierte Generation canonischer Zählart aus; andere hingegen als die siebente. Durch Innocenz III. wurde endlich dieses Verbot, wie bei der Verwandtschaft, auf den vierten Grad canonischer Computation zurückgeführt. — Man unterscheidet ferner von der ehelichen Schwägerschaft drei Arten. Die erste ist die vorhin beschriebene. Die Schwägerschaft der zweiten Art, ist das Verhältniß zwischen dem einen Ehegatten und den Schwägern erster Art des anderen Ehegatten. Die Schwägerschaft der dritten Art, ist das Verhältniß des einen Ehegatten zu den Schwägern zweiter Art des andern Ehegatten (tot sunt affinitatis genera, quot ejusdem affinis matrimonia). Das römische Recht verbietet unter Schwägern der zweiten Art blos die Ehe des Stiefvaters mit der Frau seines Stiefsohns, und die Ehe der Stiefmutter mit dem Manne ihrer Stieftochter. Das ältere canonische Recht ging viel weiter. Innocenz III. hat aber alle Hindernisse aus der Schwägerschaft der zweiten und dritten Art aufgehoben. Endlich entsteht auch eine Schwägerschaft aus einem außerehelichen Beischlaf (affinitas illegitima) *). Diese ist aber nach dem neuen Recht nur bis zum zweiten Grad ein trennendes Ehehinderniß. Fand der Bei-

*) C. 8. 9. 10. c. XXXV. qu. 1. c. 5. c. XXXVI. q. 2. c. 2. 5. 7. 8. 9. X. de eo. qui cognovit. Conc. trident. sess. 24. cap. 4. de ref. matrim.

schlaf aber zwischen einer bereits verheiratheten Person und einem Verwandten des anderen Ehegatten Statt, so entsteht daraus ein Verhältniß zu diesem, selbst eine Schwägerschaft (affinitas illegitima superveniens). Diese bildet zwar gegen den unschuldigen Theil kein Hinderniß, wenn er will, die Ehe fortzusetzen, wohl aber wird die Handlung als Ehebruch bestraft.

In Ansehung der wirklichen Schwägerschaft verbietet das Preuß. A. L. R. nur, daß Stief- und Schwieger-Aeltern sich mit Stief- und Schwieger-Kindern ohne Unterschied des Grades nicht verheirathen dürfen *).

In Ansehung dieser ist also das Ehehinderniß den beiden vorliegenden Gesetzgebungen gemein. In Ansehung der entferntern Grade ist dies Ehehinderniß aber ein rein Kirchenrechtliches.

Außer dieser wirklichen Schwägerschaft kennt das gemeine Kirchenrecht aber auch noch eine

nachgebildete Schwägerschaft **).

Auf ähnliche Weise wie die fingirte Zeugung eine Verwandschaft bewirkt, entsteht auch daraus eine Schwä-

---

*) §. 5. A. L. R. c. l.

**) Est inter fratres et filios spiritualis gratuita, et sancta communio, quae non dicenda est consanguinitas, sed potius habenda spiritualis proximitas, unde inter eos non arbitramur posse fieri quodlibet legale conjugium, quando quidem nec inter eos, qui natura, et eos, qui adoptione filii sunt. c. 1. c. XXX. qu. 3.

Liquet, virum illi foeminae non posse jungi in copula quae commater ejus erat, cum qua idem fuerat una caro effectus. c. l. c. XXX. qu. 4.

gerschaft (affinitas ficta). Nämlich 1) aus der Adoption zwischen dem Adoptivkind und der Frau des Adoptivvaters; umgekehrt auch zwischen letzterem und der Frau des Adoptivkindes. 2) Aus der geistlichen Verwandschaft zwischen dem Mann einer Pathin und der andern Pathin. Doch hielt man dieses schon früh für übertrieben, und jetzt fällt es gewiß weg. 3) Aus einem Verlöbniß **). Schon das römische Recht untersagte die Ehe der Braut mit dem Vater des Bräutigams; eben so des Sohnes mit der Braut des Vaters. Das ältere canonische Recht dehnte dieses viel weiter aus; jetzt aber ist es auf den ersten Grad beschränkt.

Da das Preuß. Allg. L. R. weder das Adoptiv-Verhältniß noch die geistliche Verwandschaft als einen Nichtigkeitsgrund der Ehe ansieht; so findet dies noch weniger bei der Adoptiv- und geistlichen Schwägerschaft statt. Auch findet dasselbe in einem Verlöbniß keine nachgebildete Schwägerschaft, mithin auch kein solches Ehehinderniß; daher die diesfallsigen Ehehindernisse le-

---

Octo annis poeniteat, qui duabus commatribus commiscetur. c. 2. l. c.

Post uxoris obitum cum commatre uxoris viri superstitis conjugio copulari, nulla videtur auctoritas, rel ratio probibere. Neque enim cognationi carnis cognatio spiritus comparatur, neque per unionem carnis ad unionem spiritus pertransitur. Poschal II. Papa c. s. c. XXX. q. s. c. 11. c. XXVII. q. 2. c. 12. cod. 14. ed. 15. eod. 32. eod. c. 3. 4. 8. X. de sponsal. c. 4. 12. X. de desp. imp.

**) ff. 12. §. 1. 2. ff. 14. in. f. de rit. nupt. Concil trident. sess. 24. cap. 3. de ref. matr.

bloß nach gemeinem Kirchenrechte Nichtigkeitsgründe sind *).

II. Ungültigkeits-Ursachen.

oder aufschiebende Ehehindernisse.

A. Nach dem Preuß. Allg. L. R.

1) Der sogenannte Respectus parentelae, wenn ein Mann die an Jahren ältere Schwester seines Vaters, oder seiner Mutter, oder eines weitern Verwandten in aufsteigender Linie heirathet. In einem solchen

*) Es dürfte nicht unpassend seyn, hier der nähern Vergleichung wegen aus dem Oesterreichischen Gesetzbuche diejenigen Nichtigkeitsgründe beizufügen, welche dort gegen das gemeine Kirchenrecht rein bürgerliche Nichtigkeits-Gründe sind.

§. 49. Minderjährige oder auch Volljährige, welche aus was immer für Gründen, für sich allein keine gültige Verbindlichkeit eingehen können, sind auch unfähig, ohne Einwilligung ihres ehelichen Vaters, sich gültig zu verehelichen. Ist der Vater nicht mehr am Leben, oder zur Vertretung unfähig; so wird nebst der Erklärung des ordentlichen Vertreters auch die Einwilligung der Gerichtsbehörde zur Gültigkeit der Ehe erfordert.

§. 52. Wird einem Minderjährigen oder Pflegebefohlenen die Einwilligung zur Ehe versagt und halten sich die Ehewerber dadurch beschwert; so haben sie das Recht, die Hülfe des ordentlichen Richters anzusuchen.

§. 21. Minderjährige sind, die das 24ste Jahr ihres Lebens noch nicht zurückgelegt haben.

§. 54. Mit welchen Militair-Personen oder zum Militair-Körper gehörigen Personen ohne schriftliche Erlaubniß ihres Regiments, Korps, oder Vorgesetzten kein gültiger Ehevertrag eingegangen werden könne, bestimmen die Militair-Gesetze.

Falle kann der Staat Dispensation ertheilen, nach §. 8. Th. II. Tit. 1. des A. L. R., und eine solche Ehe wird von Anfang an gültig. Da nach dem gemeinen Kirchenrecht die Ehe mit der Tante zu den unter der Strafe der Nichtigkeit verbothenen Graden gehört, so ist dieß ein rein civilrechtlicher Ungültigkeitsgrund, um so mehr, da die Kirche sich nicht bestimmt ausgesprochen hat, bis zu welchem Grade bei Verwandschafts-

---

§. 61. Ein zur schwersten oder schwerer Kerkerstrafe verurtheilter Verbrecher, kann von dem Tage des ihm angekündigten Urtheils, und so lange seine Strafzeit dauert, keine gültige Ehe eingehen

§. 119 Den Getrennten wird zwar überhaupt gestattet, sich wieder zu verehlichen, doch kann mit denjenigen, welche vermöge der bei der Trennung vorgelegenen Beweise durch Ehebruch, durch Verhetzungen, oder auf eine andere sträfliche Art die vorgegangene Trennung veranlaßt haben, keine gültige Ehe geschlossen werden.

§. 68. Zur Gültigkeit der Ehe wird auch das Aufgebot und die feierliche Erklärung der Einwilligung erfordert.

§. 58. Wenn ein Ehemann seine Gattin nach der Ehelichung bereits von einem andern geschwängert findet, so kann er fordern, daß die Ehe als ungültig erklärt werde.

§. 40 Rasende, Wahnsinnige, Blödsinnige und Unmündige sind außer Stande, einen gültigen Ehevertrag zu errichten. Dahin gehören Kinder, die das 7te, Unmündige, die das 14te, Minderjährige, die das 24ste Jahr ihres Lebens noch nicht zurück gelegt haben.

§. 55. Die Einwilligung zur Ehe ist ohne Rechtskraft, wenn sie durch eine gegründete Furcht erzwungen worden ist. Ob die Furcht gegründet war, muß aus der Größe und Wahrscheinlichkeit der Gefahr und aus der Leibes- und Gemüthsbeschaffenheit der bedrohten Person beurtheilt werden.

Verhältnissen Dispensationen möglich sind **), indem das Tridentinische Concilium festsetzt, daß die Kirche an die mosaischen Eheverbothe keinesweges gebunden ist ***).

2) Ehen mit dem einen Ehegatten und denen mit einem andern Vater oder Mutter erzeugten unehelichen Kindern des andern; nach d. 5. d. P. A. L. a. a. O. u. §. 62. des Anhangs zu demselben. Allein da auch in einem solchen Falle das Oberhaupt des Staates Dispensation ertheilen kann, so wird eine solche Ehe von Anfang gültig. Nach dem gemeinen Kirchenrecht gehört dieser Verwandschaftsgrad zu den bei Richtig-

---

§. 56. Die Einwilligung ist auch ungültig, wenn sie von einer entführten und noch nicht in ihre Freiheit versetzten Person gegeben worden.

§. 67. Eine Ehe zwischen zwei Personen, die mit einander einen Ehebruch begangen haben, ist ungültig. Der Ehebruch muß aber vor der geschlossenen Ehe bewiesen seyn.

§. 68. Wenn zwei Personen, auch ohne vorhergegangenen Ehebruch, sich zu ehelichen versprochen haben und wenn, um die Absicht zu erreichen, auch nur eine von ihnen dem Gatten, der ihrer Ehe im Wege stand, nach dem Leben gestellt hat, so kann zwischen denselben auch dann, wenn der Mord nicht wirklich vollbracht worden ist, eine gültige Ehe nicht geschlossen werden.

§. 75. Die feierliche Erklärung der Einwilligung muß, vor dem ordentlichen Seelsorger eines der Brautleute, er mag nun nach Verschiedenheit der Religion Pfarrer, Pastor, oder wie sonst immer heißen, oder vor dessen Stellvertreter in Gewart zweier Zeugen geschehen.

**) Weber a. a. O. §. 199.

***) Sess. 24. cap. 5. de reform. matr. sess. 25. cap. 18. de ref.

keit der Ehe verbotenen Graden, daher dieses Ehehinderniß der Ungültigkeit ein rein civilrechtliches ist.

3) Ehen der Vormünder, oder ihrer Kinder, mit ihren Pflegebefohlnen, nach §. 14. u. 980. a. a. O. Diese Ehen sind aber unter folgenden Umständen vom Anfang gültig *).

§. 989. Hat ein Vormund sich selbst, oder sein Kind mit einer seiner Pflegebefohlnen Person gesetzwidrig verheirathet: so muß er der Vormundschaft sofort entsetzt, und dem Pflegefohlnen ein andrer Vormund bestellt werden.

§. 990. Dieser muß unter Aufsicht des vormundschaftlichen Gerichts genau prüfen, ob die pflegebefohlne Person die Ehe fortsetzen wolle und ob ihr deren Fortsetzung zuträglich sey.

§. 991. Findet sich dabei eine wirkliche Abneigung der Pflegebefohlnen; oder sonst ein überwiegender Nachtheil für sie: so muß auf die förmliche Nichtigkeitserklärung bei dem Richter angetragen werden.

§. 992. Wird aber die Fortsetzung der Ehe von dem vormundschaftlichen Gericht nachgegeben, so verbleibt dennoch das Vermögen der Frau, bis zur erlangten Volljährigkeit, unter der Verwaltung des neubestellten Vormundes.

§. 993. Der Mann kann bis dahin auf die Einkünfte dieses Vermögens nur in soweit Anspruch machen, als dieselben zum standesmäßigen Unterhalte der Frau, nach dem Ermessen des vormundschaftlichen Gerichts nothwendig sind.

---

*) A. L. R. Th. II. Tit. 1.

§. 994. Alle Zuwendungen, welche die Frau einem solchen Manne in einem, vor erreichter Volljährigkeit gemachten Vertrage oder Testamente, bestimmt hat, sind ungültig.

§. 995. Nach erlangter Volljährigkeit hängt es von dem freyen Entschlusse der Frau ab, was sie von ihrem Vermögen dem Manne einbringen, oder sich vorbehalten wolle.

§. 996. Ist während der Minderjährigkeit einer solchergestalt gesetzwidrig verheiratheten pflegebefohlnen Person, die Ungültigkeit der Ehe nicht gerügt worden: so bleibt ihr selbst das Recht dazu noch innerhalb sechs Monathen nach zurückgelegtem vier und zwanzigstem Jahre vorbehalten.

Das gemeine Kirchenrecht kennt dieses Ehehinderniß unter den aufschiebenden Verhinderungs-Gründen nicht, daher auch dieses lediglich im bürgerlichen Preußischen Recht begründet ist.

4) Die Ehe zwischen angenommenen Eltern und Kindern, nach §. 13 u. 981. a. a. O. Eine solche Ehe kann aber unter Verhältnissen von Anfang an gültig werden. Da nun das gemeine Kirchenrecht diese nachgebildete Verwandschaft für ein trennendes Ehehinderniß erklärt; so ist dies ein rein civilrechtlicher Ungültigkeitsgrund. Solche Ehen sind aber nach folgenden gesetzlichen Bestimmungen gültig.

§. 997. Hat jemand sein angenommenes Kind wider die Gesetze geheirathet; und ist dasselbe noch minderjährig: so muß dem angenommenen Kinde ein Curator bestellt, und alsdann eben so wie bei der gesetzwidrigen Heirath eines Vormundes mit seiner Pflegebefohlnen verfahren werden.

§. 998. War die an Kindesstatt angenommene Person bereits volljährig, so kann dieselbe die Ungültigkeit der Ehe nur innerhalb sechs Monathen nach deren Vollziehung rügen.

§. 999. In allen Fällen, wo eine solche Ehe für nichtig erklärt wird, verliert der Mann alle aus der Annahme an Kindesstatt über die Person und das Vermögen der Adoptirten entstandenen Rechte.

§. 1000. Dagegen bleiben der Adoptirten die ihr auf das Vermögen des angenommenen Vaters, sowohl unter Lebendigen als von Todeswegen zukommende Ansprüche vorbehalten.

§. 1001. Wird eine solche Ehe in der Folge gültig, so werden alle aus der Annahme an Kindesstatt wechselseitig entstandene Rechte und Verbindlichkeiten für erloschen angesehen *).

5) Wenn eine Ehe bei noch nicht mannbarem Alter eingegangen worden ist, so ist sie zwar nach §. 37. und 982. a. a. O. ungültig, allein sie kann in der Folge von Anfang an gültig werden, nach

§. 1002. Bestand das Ehehinderniß in dem noch nicht erreichten gesetzmäßigen Alter so wird die Ehe gültig, wenn der Mangel nicht innerhalb sechs Monathen nach Zurücklegung dieses Alters, genügt worden.

§. 1003. Sollte jedoch eine Person, die weder unter väterlicher Gewalt, noch unter einem Vormunde steht, solchergestalt gesetzwidrig verheirathet werden, so

*) A. L. R. a. a. O. Th. II. Tit. 1.

muß ihr der Richter, sobald er davon Kenntniß erlangt, einen Vormund von Amtswegen bestellen.

§. 1004. Von diesem muß es alsdann nach den Vorschriften §. 990—995. weiter verfahren werden *.

Nach dem gemeinen Kirchenrecht ist das mannbare Alter kein Ehehinderniß, sobald die Ehe wirklich vollzogen worden. Denn es heißt im Decretalen Recht: qui intra annos nubiles matrimonii nomine conjunganter ... usque ad legitimam aetatem exspectare tenentur ut tum aut confirmetur matrimonium, aut si simul manere noluerint, separentur: nisi carnalis commixtio aute intervenerit, cum interdum illa tempus anticipare soleat pubertatis **). Malitia supplet aetatem.

Hiernach ist auch dieses Ehehinderniß ein rein civilrechtliches.

6) Ehen, bei denen es an der freyen Einwilligung ermangelt hat, sind nach §. 38 bis 44. und 983. ungültig, nach gemeinem Kirchenrecht aber nichtig. Da sie aber nach dem Preuß. A. L. R. von Anfang an gültig werden, sobald das Hinderniß behoben worden ist, so ist dies ebenfalls ein rein civilrechtliches Ehehinderniß, es mag nun in Gewalt, Irrthum, Betrug, oder Drohung bestanden haben.

7) Ehen sind nach dem Preuß. A. L. R. ungültig, wenn es an der Einwilligung derjenigen Personen fehlt, welche diejenigen beibringen müssen, die eine Ehe eingehen

*) A. L. R. Th. II. Tit. 1. Rescr. v. 15. August 1796.

**) c. 8. x. de despons. impub.

hen wollen, nach §. 45 u. 948. seq. a. a. O. Allein sie werden unter folgenden Umständen gültig:

§. 1006. Die Ungültigkeit einer Ehe, bei welcher es von der einen oder andern Seite an der Einwilligung des leiblichen Vaters ermangelt, muß von diesem innerhalb sechs Monathen, nach erhaltener Nachricht von der Vollziehung der Ehe, gerichtlich gerügt werden.

§. 1007. Ist dieses nicht geschehen, so behält zwar die Ehe selbst ihre volle Wirkung;

§. 1008. Doch ist der Vater alsdann das ungehorsame Kind bis auf die Hälfte des Pflichttheils zu enterben berechtigt.

§. 1009. Hat ein Sohn, der nicht mehr unter väterlicher Gewalt sich befindet, oder eine Tochter nach zurückgelegtem vier und zwanzigsten Jahre, ohne väterliche Einwilligung geheirathet: so bewirkt dieser Mangel keine Ungültigkeit der Ehe.

§. 1010. Dem Vater bleibt aber, auch in diesem Falle, das Recht zur Enterbung bis auf die Hälfte des Pflichttheils vorbehalten.

§. 1011. Wenn minderjährige vaterlose Waisen, ohne Einwilligung der Mutter, Großältern, oder Vormünder heirathen: so findet eben das statt, was bei einer zwischen dem Vormunde und seinen Pflegebefohlnen ohne obervormundschaftliche Erlaubniß geschlossenen Ehe §. 990 bis 996. verordnet ist.

§. 1012. Die Mutter kann ein, nach des Vaters Tode ohne ihre Einwilligung heirathendes minder- oder großjähriges Kind, auf die Hälfte des Pflichttheils gleich dem Vater, enterben *).

Das gemeine Kirchenrecht kennt dieses Ehehinderniß nicht, vielmehr hat es alle verflucht, welche behaupten, daß die Einwilligung der Eltern zur Gültigkeit der Ehe der Kinder nothwendig ist. Et proinde jure damnandi sunt illi, ut S. Synodis anathemate damnat, qui ea vera et rata esse negant, quique false affirmant, matrimonia a filiis familias, sine consensu parentum contracta, irrita esse **).

Dennoch hat das Oesterreichische Civilgesetzbuch dies als einen Nichtigkeitsgrund aufgestellt, das P. A. L. R. aber nur als einen Ungültigkeitsgrund, und als solcher erscheint er als rein civilrechtlich.

8) Eine zweite Ehe ist ungültig, wenn man die vorige Ehe durch einen Irrthum für getrennt hielt, nach §. 8. 954—957. u. 948. a. a. O.

War ein solcher Irrthum nicht unverschuldet, so ist natürlich, da das A. L. R. in Preußen keine Polygamie verstattet, eine solche Ehe nichtig, nach §. 928. u. §. 16. a. a. O. Allein wenn dieser Irrthum unverschuldet war, so ist eine solche Ehe nur ungültig, nach §. 975. und sie kann von Anfang an gültig werden, wenn die erste Ehe in der Folge getrennt worden ist.

Da nach dem gemeinen Kirchenrecht jede folgende Ehe während der Lebenszeit des ersten gesetzmäßigen Ehegatten nichtig ist, so ist auch dieses Ehehinderniß rein civilrechtlich.

---

*) A. L. R. Th. II. Tit. 1.

**) Con. Trid. sess. 24. de reform. matrim. cap. 1. init.

Endlich

9) kann dazu noch gerechnet werden, wenn ein Geistlicher, der entweder gar nicht Pfarr-Geistlicher, Parochus ist, oder der als solcher seines Amtes entsetzt worden, eine Trauung vollzogen hätte. Denn ein solcher wäre nach dem A. L. R. dazu durchaus nicht qualificirt *), indem er ohne Parochus weder ein gültiges Aufgebot, noch das Eintragen in die Kirchenbücher vornehmen könnte. Eine solche Ehe würde noch einmal von dem wirklichen Parochus vollzogen werden, aber als von Anfang gültig nach der Analogie des §. 169. Tit. 1. a. a. O. angesehen werden müssen. Nach dem gemeinen Kirchenrecht ist eine solche Ehe aber gültig, denn selbst der durch bürgerliche Gesetze und Gerichte seines Pfarramtes entsetzte Geistliche könnte dieses Sacrament gültig administriren, bis er von seinen geistlichen Obern seines Beneficii entsetzt wäre **). Daher auch dies ein rein civilrechtliches Ehehinderniß ist.

B. Nach dem gemeinen Kirchenrecht giebt es folgende aufschiebende, oder einfache Ehehindernisse:

1) die geschlossenen Zeiten ***), welche nach dem P. A. L. R. kein Ehehinderniß bewirken, ohnerachtet

*) A. L. R. Th. II. Tit. 11. §. 318. seq.

**) D. C. A. de Droste-Hülshoff in seiner Dissertation de Juris austriaci et communis canonici circa matrimonii impedimenta discrimine, atque hodierna in impedimentorum causis praxi austriaca; sagt S. 21.
Ex jure canonico tale matrimonium validum foret, quamdiu ejusmodi parochus percussus non esset censura, quae parochi qualitate eum privaret.

***) c. 8—11. c. XXXIII. 9. 4. c. 4. X. de Fer. Concil. Trident. Sess. 24. can. 11. et cap. 10. de ref. matr.

auch in den Advents- und Fasten-Zeit Trauungen, jedoch ohne civilrechtliche Folgen verbothen sind *).

2) Das Verboth des geistlichen Richters, allein auch dies kennt das A. P. L. R. nicht, daher diese beiden Ehehindernisse rein kirchenrechtlich sind **).

3) Ein unfeierliches Gelübde der Keuschheit. Ein feierliches Gelübde, (das ist bei Uebernehmung einer geistlichen Weihe, oder beim Eintritt in einen geistlichen Orden) ist ein absoluter Nichtigkeitsgrund jeder Ehe; ein unfeierliches Gelübde aber nur ein aufschiebendes Hinderniß. Das P. A. L. R. kennt ein solches Ehehinderniß nicht, es ist daher rein kirchenrechtlich ***).

Uebrigens ist nach demselben ein Gelübde ein Versprechen, welches man der Gottheit thut in der ernstlichen Absicht, sich dadurch zu verpflichten. Betrifft es eine Leistung zu Gunsten eines Dritten, namentlich einer frommen Stiftung, so heißt es ein dingliches Gelübde; ein persönliches ist dasjenige, welches blos den Gelobenden angeht. Nach dem canonischen Recht ist das eine wie das andere so bindend, daß die Erfüllung durch Kirchenstrafen bewirkt werden kann. Jedoch verpflichtet das persönliche Gelübde nur die Person, das dingliche hingegen geht auch auf die Erben über. Bei den Protestanten ist die Erfüllung eines Gelübdes blos

---

*) Rescr. v. 14. Sept. 1797. Rescr. v. 1. Dec. 1814.

**) c. 1. 2. 3. X. de matim. contr. interdict.

***) Schenkel. §. 626. u. 632. l. c. c. 1. c. XXVII. p. 1. c. 10. eod. c. 12. eod. 2. 17. eod. c. 9. eod. c. 2. eod. c. 2. D. XXVII. c. 1. c. XX. 9. 3. c. 6. D. XXVII. c. 8. eod. c. 3. 7. X. qui cleric.

eine Gewissenspflicht, wenn nicht durch Staatsgesetze damit auch eine Zwangsverbindlichkeit verknüpft ist. Wo daher das römische Recht gilt, ist wenigstens ein dingliches Gelübde bürgerlich verpflichtend. Aufgehoben kann ein Gelübde nur durch den Kirchenobern werden, ein ungültiges durch Nichtigkeitserklärung (irritatio), ein gültiges durch Dispensation. Ungültig ist unter andern dasjenige, welches von unmündigen Kindern ohne Zustimmung der Eltern oder von einem Ordensmitglied ohne den Ordensobern abgelegt ist, und zwar unbedingt; ungültig, allein nur in so fern es gegenseitige Rechte verletzt, ist das Gelübde eines Ehegatten ohne Zustimmung des anderen *). Die Dispensation betrifft entweder bloßen Aufschub oder Umwandlung in einen andern Gegenstand, oder gänzliche Aufhebung. Sie kann in der Regel schon von dem Bischof ertheilt werden, in mehreren Fällen aber nur von dem Pabst **).

4. Ein bestehendes Verlöbniß mit einer andern Person ***).

Nach dem gemeinen Kirchenrecht ist ein Eheverlöbniß das gegenseitige Versprechen zweier Personen, einander zu heirathen. Damit es bindend sey, müssen die Contrahenten theils überhaupt sich verpflichten können, theils muß insbesondre zwischen ihnen eine Ehe möglich

*) c. 3. 5. 6. 8. X. De voto et voti redemptione. c. 18. X. de clerib. c. 14. c. XXXII. 9. 2. c. 2. c. XX. 9. 4. c. 27. de elect. in VI. c. 18. X. de regular. c. 11. 16. c. XXXIII. 9. 5.

**) c. 5. extr. comm. de poenitent.

***) c. 22. 31. X. De sponsal et matrim. c. 1. X. de spons. duor.

seyn. Ungültig ist es also bei Wahnsinnigen und Kindern vor erreichter Pubertät. Doch galt bei diesen der Unterschied, daß der Vertrag eines Kindes unter sieben Jahren gar nichts wirkte, über sieben Jahren aber doch bis zur Pubertät gehalten werden mußte, dann aber selbst ohne Grund aufgehoben werden konnte. Eheverlöbnisse, welche die Eltern für ihre unmündigen Kinder schließen, haben dieselbe Würkung. Mit den veränderten Sitten kommen diese Vorschriften jetzt selten zur Anwendung. Außerdem fordert man zur Gültigkeit der Verlöbnisse die elterliche Einwilligung, wenn gleich das canonische Recht dieses nirgends sagt, und die Ehe bekanntlich auch ohne sie gültig bleibt. Eine besondere Form ist bei ihnen nicht nöthig, sondern sie werden durch freie unzweideutig erklärte Einwilligung vollendet, wenn diese auch nicht grade in Worten ausgedrückt zu seyn braucht. Ueberhaupt ist dasjenige, was von der Einwilligung zur Ehe gesagt ist, auch hier anzuwenden. Gleichgültig ist es auch jetzt, ob die Worte auf die Gegenwart (ego te in meam accipio) oder auf die Zukunft (ego te in meam accipiam) gerichtet sind. Vor dem Concilium von Trient hingegen war dieses von der größten Wichtigkeit, weil im ersten Fall kein Verlöbniß, sondern eine wirkliche Ehe geschlossen wurde. Es ist also ein Mißverständniß, wenn man diesen Unterschied durch den Gegensatz von sponsalia de praesenti und de futuro zu bezeichnen gesucht hat. In der ältern Zeit war aber mit dem Verlöbniß eine kirchliche Feierlichkeit verbunden, was aber jetzt selten mehr beobachtet wird. Nur bei den Protestanten ist in den meisten Kirchenordnungen die Gegenwart von Zeugen, des Pfarrers oder andere Solennitäten vorgeschrieben, damit aus dem Verlöbniß ein Klagerecht entstehen könne. Man theilt in dieser Beziehung die Verlöbnisse in die öffentlichen und heimlichen ein. Die Verlöbnisse können endlich sowohl unbedingt als auch unter einer Bedingung, einer Zeitbestimmung oder dem Versprechen einer erlaubten Gegenleistung (modus) eingegangen werden. In den beiden ersten Fällen müssen beide Theile den Eintritt der Bedingung oder des Tages abwarten. Im letzten kann der andere, wenn die Gegenleistung ausbleibt, das Verlöbniß aufheben, doch kann die Bedingung später ausdrücklich oder stillschweigend erlassen werden. Unerlaubte Bedingungen machen das ganze Verlöbniß nichtig.

Bei den Römern entstand aus dem Verlöbniß nie ein Klagerecht auf Eingehung der Ehe, und selbst beigefügte Conventionalstrafen waren, um nicht die Freiheit der Ehe zu hindern, ohne Wirkung. Nur ein etwa hingegebener Mahlschatz (arrha) ging dem ohne Grund zurücktretenden Theile verloren. Nach dem canonischen Recht findet zwar, aus Rücksicht auf die Folgen, ein Zwang ebenfalls nicht Statt, wohl aber sind beide Theile dem Gewissen nach, zur Erfüllung ihres Versprechens verpflichtet, und sollen dazu durch den geistlichen Richter angehalten werden. Es entsteht also aus dem Verlöbniß auch ein Recht auf gegenseitige Treue, so daß das spätere Eheversprechen eines der Verlobten mit einer dritten Person nichtig ist. Der wirklichen Ehe muß freilich das ältere Verlöbniß weichen. Die vielen Collisionen, zu denen die formlosen Ehen des Mittelalters Gelegenheit gaben, wurden nach folgenden Grundsätzen entschieden. Zwischen mehreren wirklichen Verlöbnissen geht das älteste vor; zwischen einem älteren Verlöbniß und einer jüngeren Ehe, die letztere, selbst wenn sie ganz formlos als sponsalia de praesenti eingegangen war; endlich zwischen mehreren Ehen, und mithin auch zwischen mehreren sponsalia de praesenti oder zwischen einer formlosen und einer förmlichen Ehe immer die ältere; endlich zwischen einem älteren, aber durch körperliche Beiwohnung bestätigten Verlöbniß, und einer jüngern förmlichen Ehe, doch das ältere, weil es in eine wirkliche Ehe übergegangen war. Jetzt sind natürlich diese Grundsätze zum Theil nicht mehr anwendbar; auch haben die neueren Staatsgesetze auf die Eheverlöbnisse immer weniger Gewicht gelegt. Bei den Protestanten werden die Eheverlöbnisse in einigen Ländern beinahe strenger behandelt, wie bei den Katholiken, doch treten ebenfalls nur selten Zwangskopulationen ein, etwa nur wenn wirkliche Beiwohnung Statt gefunden hat. Doch läßt man dann auch in andern Ländern die Verlobten durch richterliches Urtheil für Ehegatten erklären. Endlich entsteht bei den Katholiken aus dem Verlöbniß ein Ehehinderniß (impedimentum publicae honestatis), kraft dessen die Ehe zwischen einem der Verlobten und den Blutsverwandten des andern untersagt ist. Im Mittelalter wurde hierauf mit großer Strenge gehalten. Jetzt bezieht es sich blos auf den ersten Grad *).

*) C. 3. 7. c. XXX. q. 5. c. 2. X. de spons. c. 4. 5. 31. X. de spons. impub. c. 50. c. XXV. q. 2. c. 5. X. de condit. app. c. 1. c. de sponsal. c. 2. c. de inut. stipul. c. 3. 5. c. de sponsal. c. 10. 17. 22. X. de sponsal. Concil. trid. sess. 24. cap. 5. de ref. matr.

Nach dem Preuß. A. L. R. ist dagegen folgendes über die Ehegelöbnisse bestimmt:

§. 75. Das Ehegelöbniß ist ein Vertrag, wodurch zwei Personen verschiedenen Geschlechts einander künftig zu heirathen versprechen.

§. 76. Unter Personen, und in Fällen, wo keine rechtsbeständige Ehe statt findet, kann auch kein gültiges Eheverlöbniß errichtet werden.

§. 77. Auch dadurch, daß ein zür Zeit des errichteten Vertrages entgegen gestandenes Eheverbot, durch Dispensation oder sonst gehoben worden, verlangt das von Anfang an ungültige Ehegelöbniß keine verbindliche Kraft.

§. 78. Besteht hingegen das Ehehinderniß nur in dem Mangel der Einwilligung dererjenigen, deren Consens zur Gültigkeit der Ehe erfordert wird: so ist bis zu dessen Erfolge, das Ehegelöbniß nur für den, welcher einer solchen Einwilligung bedarf, unverbindlich.

§. 79. Der andre Theil aber kann so lange nicht zurücktreten, als die Personen, auf deren Einwilligung es ankommt, sich darüber noch nicht erklärt haben. (Th. I. Tit. 5. §. 13).

§. 80. So lange ein gesetzmäßiges Ehegelöbniß besteht, soll keiner der Verlobten sich in ein folgendes einlassen (§. 132. 133. 134.)

§. 81. Es ist nicht nothwendig, daß vor jeder Ehe ein förmliches Ehegelöbniß hergehe.

§. 82. Wenn aber aus einem Ehegelöbniß ein Recht, auf Vollziehung der Ehe zu klagen, entspringen soll: so muß dasselbe gerichtlich, oder von einem Justizcommissario und Notario geschlossen, und niedergeschrieben werden.

§. 83. Gemeine Landleute können ihre Verlobungen vor Schulzen und Schöppen vollziehen, und niederschreiben lassen.

§. 84. Für die schriftliche Aufnehmung des bloßen Eheversprechens an ordentlicher Gerichtsstelle, sollen den Parteien keine Gebühren abgefordert werden.

§. 85. Bei der Aufnehmung des Ehegelöbnisses, müssen die Parteien in Person gegenwärtig seyn.

§. 86. Wenn beide Theile sich nicht an Einem Orte befinden, so muß die Aufnehmung des Ehegelöbnisses an dem Aufenthaltsorte der Braut erfolgen.

§. 87. Alsdann kann der Bräutigam durch einen gerichtlich ernannten Bevollmächtigten das Geschäft vollziehen.

§. 88. Ist die Braut großjährig, und nicht mehr unter väterlicher Gewalt: so muß sie mit einem von ihr selbst gewählten männlichen Beistande erscheinen.

§. 89. Der Richter oder Justizcommissarius ist schuldig, vor Aufnehmung des Vertrages Erkundigung einzuziehen: ob vielleicht Ehehindernisse vorwalten.

§. 91. Ehegelöbnisse, bei welcher die gesetzliche Form nicht beobachtet worden, sind für bloße Unterhandlungen zu halten.

§. 92. Wenn jedoch mit beider Theile Bewilligung das Aufgebot schon erfolgt ist; so finden zwischen ihnen eben die Rechte und Pflichten, wie aus einem förmlichen Ehegelöbnisse statt.

§. 93. Die der Gültigkeit eines förmlichen Ehegelöbnisses entgegenstehende Mängel werden durch den hinzukommenden Beischlaf nicht gehoben.

§. 95. Ehegelöbnisse, deren Erfüllung von einer aufschiebenden Bedingung abhängig gemacht worden, können, so lange die Bedingung noch nicht eingetroffen ist, von jedem Theile auch einseitig widerrufen werden.

§. 96. Ein Gleiches gilt von Ehegelöbnissen, deren Erfüllung auf eine ungewisse Zeit hinausgesetzt worden, so lange der Zeitpunkt noch nicht eingetroffen ist.

§. 97. Ist in dem Vertrage wegen der Zeit zur Vollziehung der Ehe gar nichts bestimmt: so ist ein Theil auf den andern nur zwei Jahre lang zu warten verbunden.

§. 98. Ein gleiches findet statt, wenn die Vollziehung der Ehe in unbestimmten Ausdrücken nach Möglichkeit, oder nach Gelegenheit versprochen, oder wenn dieselbe der Willkühr eines oder des andern Theils ausdrücklich überlassen worden.

§. 99. Uebrigens aber soll niemand, wider den Willen des Andern, von einem gültigen Ehegelöbnisse, ohne rechtlichen Grund zurücktreten.

§. 100. Gründe, aus welchen eine schon vollzogene Ehe getrennt werden könnte, rechtfertigen den Rücktritt von einem Ehegelöbnisse.

§. 101. Auch bloßer verdächtiger Umgang, geringere Thätlichkeiten, schimpfliche oder verächtliche Begegnung, können, wenn sie gleich zur Trennung einer schon vollzogenen Ehe noch nicht hinreichend wären, dennoch den Rücktritt von einem Ehegelöbnisse begründen.

§. 102. Fehler in dem moralischen Verhalten des einen Verlobten, weswegen Aeltern ihre Einwilligung nach §. 61. 62. 63. versagen könnten, berechtigen den andern Verlobten zum Rücktritte, wenn dieselben erst nach der Verlobung entstanden, oder ihm bekannt geworden sind.

§. 103. Wegen einer erst nach der Verlobung entdeckten, ekelhaften, ansteckenden, besonders venerischen, imgleichen wegen einer jeden unheilbaren Krankheit des einen Theils, kann der andre sein Eheversprechen zurücknehmen.

§. 104. Ein gleiches gilt von einer auffallenden Häßlichkeit des Körpers, oder einem andern Ekel und Widerwillen erregenden Gebrechen, welche ein Theil dem andern vor der Verlobung verheimlicht hat.

§. 105. Ein nach der Verlobung entdeckter Irrthum in Ansehung des Vermögens, rechtfertigt den Rücktritt nur alsdann, wenn es den künftigen Eheleuten an dem nöthigen Auskommen fehlen würde.

§. 106. Jeder auch nur in Ansehung des Vermögens, von einem Verlobten, oder dessen Aeltern verübter Betrug, giebt dem andern ein Recht zum Rücktritte.

§. 107. Veränderungen, welche nach der Verlobung in der Person, oder in den persönlichen oder Vermögens-Umständen eines Verlobten sich ereignen, berechtigen denjenigen zum Rücktritte, welcher, wenn er den Fall hätte voraussehen können, das Ehegelöbniß wahrscheinlich nicht eingegangen seyn würde.

§. 108. Religionsveränderung giebt nur dem andern Theile, nicht aber dem Verändernden, ein Recht zum Rücktritte.

§. 109. Wenn ein Theil seine in dem Ehegelöbnisse oder Ehevertrage ausdrücklich übernommene Verbindlichkeit nicht erfüllen kann: so ist der andere zurückzutreten berechtigt.

§. 110. Die bloße Minderjährigkeit hingegen ist kein rechtmäßiger Grund zum Rücktritte von einem unter den gesetzlichen Erfodernissen geschlossenen Ehegelöbnisse.

§. 111. Wenn Umstände, weswegen Aeltern, Großältern oder Vormünder, ihre Genehmigung zu versagen befugt sind, sich erst in der Folge ereignen, oder offenbaren; so können dieselben ihre schon ertheilte Einwilligung wieder zurücknehmen.

§. 112. Wer ohne rechtlichen Grund die Erfüllung eines Ehegelöbnisses beharrlich verweigert, oder sich selbst dazu außer Stand setzt; der verliert die dem andern Theile gemachten Geschenke, muß die von demselben erhaltenen zurückgeben, und alle wegen des Ehegelöbnisses aufgewendete Kosten ersetzen.

§. 113. Ist auf den Fall des Rücktritts eine Conventionalstrafe verabredet, so muß diese noch außerdem entrichtet werden.

§. 114. Ist keine Conventionalstrafe vorbedungen: so muß der Schuldige noch über die §. 112. bestimmte Entschädigung, den Unschuldigen mit dem vierten Theile desjenigen, was in dem Ehegelöbnisse, oder in einem besondern Ehevertrage, als Mitgabe, oder als Gegenvermächtniß ausgesetzt worden, abfinden.

§. 115. Ist keine Mitgabe oder kein Gegenvermächtniß vorbedungen, wohl aber dem Unschuldigen, auf den Fall, wenn er den andern überleben sollte, eine gewisse an sich bestimmte Summe oder Sache zum Erbtheil verschrieben worden: so kann derselbe den vierten Theil davon als Abfindung fordern.

§. 116. Sind nach Verschiedenheit der Fälle verschiedene Summen bestimmt: so wird die Abfindung nach der geringsten Summe gerechnet.

§. 117. Kann der Zurücktretende die nach diesen Vorschriften dem andern Theile gebührende Abfindung, aus eigenen Mitteln nicht aufbringen; so sind seine Aeltern, in sofern dieselben in das Ehegelöbniß gewilligt, und den Rücktritt veranlaßt oder genehmigt haben, zu deren Entrichtung verbunden.

§. 118. Ist keiner der vorstehenden Fälle zu Bestimmung einer dem Unschuldigen anzuweisenden Abfindung vorhanden, so muß zwar derselbe mit der §. 112. bestimmten Entschädigung allein sich begnügen.

§. 119. Doch muß alsdann gegen den ohne rechtmäßigen Grund zurücktretenden Theil, nach Bewandniß seines bewiesenen Leichtsinnes, und der der verlassenen Braut zugefügten Kränkung, auf verhältnißmäßige Geld- oder Gefängnißstrafe erkannt werden.

§. 120. Nöthigt ein Verlobter, durch sein moralisches Verhalten nach der Verlobung, den andern Theil zum Rücktritte, so kann letzterer die vorstehend (§. 112 —119) bestimmte Entschädigung und Abfindung fordern.

§. 121. Bezieht sich aber die rechtmäßige Ursache des Rücktritts auf Umstände, welche schon vor der Verlobung vorhanden gewesen, und dem andern Theile nicht betrüglicher Weise verheimlicht worden sind: so kommt dem zurücktretenden Theile nur allein die §. 112. bestimmte Entschädigung zu.

§. 122. Wird ein Ehegelöbniß mit beider Theile Bewilligung, oder sonst aus rechtlichen Gründen getrennt; ohne daß einem oder dem andern Theile ein Uebergewicht der Schuld zur Last fällt: so müssen die Geschenke von beiden Seiten zurückgegeben werden.

§. 123. Wird die Erfüllung des Ehegelöbnisses durch den Tod des einen Verlobten gehindert: so hat der Ueberlebende die Wahl: ob er die empfangenen Geschenke behalten, oder sie zurückgeben, und die seinigen wiederfordern wolle.

§. 124. Das Recht die §. 112—119. bestimmte Entschädigung und Abfindung zu fordern, geht auf die Erben in der Regel nicht über.

§. 125. Doch kann der Unschuldige gegen die Erben des schuldigen Theils darauf antragen, wenn letzterer, auf die aus dem Ehegelöbnisse angestellte Klage, seine Weigerung, die Ehe zu vollziehen, gerichtlich, oder doch schriftlich erklärt hat.

§. 126. Desgleichen, wenn der Schuldige noch vor seinem Tode sich an eine andere Person wirklich verheirathet hat.

§. 127. Dagegen können die Erben des unschuldigen Theils die Entschädigung und Abfindung von dem Schuldigen nur in sofern fordern, als dieselbe dem Erblasser bereits rechtskräftig zuerkannt ist.

§. 128. Wer vom Ablauf der in dem Ehegelöbnisse zur Vollziehung desselben bestimmten Zeit, Ein Jahr verstreichen läßt, ohne den andern zur Erfüllung aufzufordern, der hat kein Recht mehr darauf zu klagen.

§. 129. Ist keine Zeit bestimmt: und es hat, binnen zwei Jahren vom Tage des geschlossenen Ehegelöbnisses, keiner von beiden Theilen zur Erfüllung desselben bei dem Andern sich gemeldet: so hat das Ehegelöbniß selbst seine Kraft verloren (§. 97.)

§. 130. Außerdem erlöscht die Klage zur Erfüllung eines solchen Ehegelöbnisses nach Verlauf Eines Jahres von der letzten fruchtlos geschehenen Aufforderung.

§. 131. Wer selbst früher als der andre Theil heirathet, kann gegen denselben aus dem Ehegelöbnisse auch nicht auf Entschädigung klagen.

§. 132. Das Recht nach der Aufhebung des Ehegelöbnisses die Geschenke zurück zu fordern (§. 122. 123.) erlöscht, wenn es nicht binnen Jahresfrist ausgeübt worden.

§. 133. Wer noch gesetzmäßig verlobt ist, und eine andere Person zu einer spätern Verlobung verleitet, muß derselben, wenn sie zurücktritt, alles das leisten, was §. 112—119. festgesetzt worden.

§. 134. Ist aber dem später Verlobten das frühere Verlöbniß des andern Theils bekannt gewesen: so entstehen aus der spätern Verlobung weder Rechte noch Pflichten.

§. 135. Jede spätere Verlobung des einen Theils giebt dem Erstverlobten ein Recht, von der frühern Verlobung zurückzutreten, und nicht nur Entschädigung, sondern auch gesetzmäßige Abfindung zu fordern *).

Hiernach ist ein bestehendes Eheverlöbniß lediglich ein rein kirchenrechtliches Ehehinderniß.

Endlich rechnen manche noch 5) zu den einfachen Hindernissen Verschiedenheit des Gaubensbekenntnisses. Dies ist es zwar nach dem neusten Lehrbuche des Kirchenrechts nicht **). Jedoch behauptet dies

*) A. L. R. Th. II. Tit. 1.

**) Walter a. a. O. §. 193.

dies v. Draste Hülstaff in seiner sehr schätzbaren Abhandlung über das österreichische Ehe-Recht, in Vergleichung mit dem gemeinen Kirchen-Recht *), indem er folgende Stelle anführt: Non oportet cum hominibus haereticis miscere connubia et vel filios vel filias dare **).

Da es nicht unwichtig seyn dürfte, hierbei vergleichen zu können, was in einem beinah ganz katholischen Staat hierüber festgesetzt worden; so fügen wir aus dem österreichischen bürgerlichen Gesetzbuche die diesfallsigen Bestimmungen bei.

§. 77. Wenn eine katholische und nicht katholische Person sich verehlichen, so muß die Einwilligung vor dem katholischen Pfarrer in Gegenwart zweier Zeugen erklärt werden: doch kann auf Verlangen des anderen Theiles auch der nicht katholische Seelsorger bei dieser feierlichen Handlung erscheinen.

Bei einer, zwischen einer katholischen Braut und einem akatholischen Bräutigam vorgehenden Ehe, hat letzterer durch einen von demselben nebst 2 Zeugen, dann dem Ortsvorsteher unterfertigten Revers die Zusicherung zu geben, seine katholische Gattin auf keinerlei Art, somit weder durch Drohungen noch Liebkosungen zum Abfall oder Uebertritt zur akatholischen Religion verleiten zu wollen. Die Ausstellung dieser Reverse haben die Amtsvorsteher zu veranlassen, solche mit zu unterfertigen, und dem katholischen Seelsorger beizustehen. Eben

*) v. Draste dissertatio ut supra. §. 33.

**) C. 16. s. 28. q. 1.

dieses gilt auch von der Braut, wenn diese akatholisch und der Bräutigam katholisch ist.

Diese gesetzlichen Vorschriften sind auch den bewährtesten Lehrern des kirchlichen Eherechts angemessen. Nur in den neusten Zeiten haben die strengern Grundsätze wieder mehr Vertheidiger gefunden; und machen wir besonders auf folgende Schrift aufmerksam:

Richtige Ansicht des christlichen Ehevertrags und der gesetzgebenden Gewalt der Kirche über denselben, aus Schrift und Kirchenrecht aufgestellt von L. A. Nellessen, Pfarrer zum heiligen Nicolaus; als Widerlegung des Oberlandgerichtsraths Zum Bach über die Ehen zwischen Katholiken und Protestanten. Achen 1820, bei Mayer VI. und 136.

Hierin heißt es unter andern:

Hat der katholische Theil (S. 131.) dadurch gefehlt, daß er mit Vorbeigehung seiner geistlichen Obrigkeit, und ohne die von seiner Kirche zur Erlaubtheit einer vermischten Ehe geforderten Bedingungen erfüllt zu haben, sich trauen läßt, so muß er ja nothwendig einmal, wenn er zur Beichte kommt, den gethanen Schritt bereuen, Buße thun, und Gott um Verzeihung darüber bitten. Schließt nun eine wahre Reue über das Vergangene auch schon Besserung für die Zukunft in sich, so muß er also die von der Kirche geforderten Bedingungen, hinsichtlich der katholischen Erziehung seiner Kinder, so viel es von ihm abhängt, doch immer erfüllen, und der Beichtväter muß ihm nothwendig diese Verpflichtung ans Herz legen." — „Es versteht sich von selbst, heißt es gleich nachher (S. 132.) daß der katholische Theil — nachdem nun einmal die Ehe eingegangen ist —

die katholische Erziehung der Kinder nicht durch Gewaltstreiche erzwingen, sondern vielmehr den akatholischen Theil durch gütliche Vorstellungen dahin zu bringen sich bemühen soll, daß er seine Einwilligung darein gebe, die er ja nach seinen eigenen Religions-Grundsätzen geben kann. Oder sollte er es dahin nicht bringen können, daß er dann doch wenigstens um die Bekehrung seines unkatholischen Ehetheils und der dessen Glauben zugethanen Kinderhälfte oft und nachdrücklich zu Gott bete, und sich auch wohl zuweilen mit ihnen über die Gründe der katholischen Religion, jedoch ohne Bitterkeit und Zänkerei, im Geiste der Liebe unterhalte." — Man sieht — diese Instruction kann, wenn sie, wie sich von selbst versteht, oft wiederholt, erklärt, und mit besondern Rathschlägen für besondere Fälle begleitet wird, die beabsichtigte Wirkung nicht verfehlen, und verfehlt sie, wie viele Beobachtungen selbst in protestantischen Ländern lehren, wirklich nicht. Ist nur einmal der Skrupel in das Gewissen des Beichtkindes geworfen, so findet sich das Uebrige bei einiger Nachhülfe von selbst. Hieraus ergiebt sich aber, daß den Verlobten verschiedener Religion durch die vom Staat gegebene Erlaubniß, sich bei verweigerter Einwilligung der katholischen Geistlichkeit von einem protestantischen Geistlichen trauen zu lassen, nichts geholfen wird. Im Gegentheil sehen sie sich, wenn sie von dieser, auf den ersten Anblick so einladenden Erlaubniß Gebrauch gemacht, und den Schritt gewagt haben, der nun nicht wieder zurück gethan werden kann, desto sichrer in Verlegenheiten verwickelt, und nichts bleibt ihnen übrig, als die Alternative, daß entweder der eine von beiden Ehegatten seiner Kirche die schuldige Treue entziehe, oder

Beide der Treue gegen ihre Kirche, ihr eheliches und häusliches Glück zum Opfer bringen."

Herr Nellessen fährt daher fort:

„Ist die Ehe kein bloß bürgerlicher Verein, erhielt sie schon bei ihrem Ursprunge von Gott selbst einen religiösen Charakter, trat sie im neuen Gesetze noch näher mit der Religion in den Bund, hat nach dieser Ansicht die Kirche das Recht, Bestimmungen darüber zu erlassen, übte die Kirche dieses Recht in allen Jahrhunderten aus eigner Machtvollkommenheit ungestört aus, waren die vermischten Ehen immer in der Regel von der Kirche verboten, erlaubte sie dieselben nie anders, als unter der ausdrücklichen Bedingung, daß die Kinder beiderlei Geschlechts in der katholischen Religion sollten erzogen werden, legt sogar das hypothetische Naturrecht und das göttliche Glaubensgesetz dem katholischen Theile diese Pflicht auf, wird das Gewissen des unkatholischen Theils durch das geforderte Gelöbniß nach seinen eigenen Religionsgrundsätzen nicht gekränkt, so ist also eine ohne diese vorherige Angelobung, und folglich ohne Erlaubniß der Kirche geschlossene Ehe von Seiten des Katholiken nicht nur kirchlich verboten; sondern selbst moralisch unerlaubt und höchst irreligiös: das hochwürdige Generalvikariat zu Aachen handelte also aus strenger Amtspflicht, wenn es den Pfarrern die Assistenz und die Einsegnung solcher aus mancherlei Rücksichten unerlaubten Ehen untersagte, u. s. w."

Es muß aber wiederholt werden, daß diese strengeren Begriffe erst in der neuesten Zeit aufgekommen sind; und zwar in solchen Ländern, wo die Staats-Verwaltung noch keine festen Maaßregeln in kirchlichen Angelegenheiten durchgeführt hat. In Schlesien machen solche gemischten Ehen keine Schwierigkeit, dort sind die diesfallsigen Verhältnisse noch von einer kraftvollen Regierung, in Uebereinstimmung mit dem Oberhaupt der Kirche, zur gegenseitigen Zufriedenheit regulirt; da der katholische Lehrbegriff dem nicht entgegensteht.

Denn wenn auch einige Concilien zu einer Zeit, wo es noch keine Protestanten gab, solche Heirathen mit Ketzern verboten haben, wie das 6te allgemeine Concilium im Canon 72, und wenn sie auch für sündhaft erklärt wurden, nach dem Calcedonischen Concilium Canon 13., dem Laodiceischen Cap. 10. und dem 3ten Carthagenischen, wegen der Gefahr vom Glauben abwendig gemacht zu werden; so ist es doch stets Gebrauch der Kirche gewesen, solche Ehen für gültig zu halten, wie die Ketzer-Taufe, nach Albertus Magnus, Durandus, Ricardus, Thomas de Argentina, Petrus de Soto *), Nicolaus de Orbellis, Palacios, Cesiola, Bellarmin, Ledesma Enriquez **), Toledo Lopez, Manuel, Vega, Alex de Nevo, Johann de Tibur, Rosella, Tabiena, Peretz, Cannerius, Mozzius und Sanchez ***).

Nach diesem letzten Lehrer des Eherechts, dessen Meinungen mit Genehmigung des Ordens unter dem General der Gesellschaft Jesu, Claudius Aguarina, zuerst zu Granada im Jahr 1599 herausgegeben sind, machte die Kirche schon damals eine Ausnahme

*) l. g. de matrim. in impedimento disparis cultus.

**) Cap. 13. numero 4. de matrim.

***) Lib. VII. Disp. 72. §. 2. 4.

in den Ländern, wo die Katholiken mit den Akatholiken vermischt leben. Nachdem er nemlich im Allgemeinen ausgeführt hat, in wie weit solche Ehen zwar gültig aber sündhaft wären, bemerkt er: Hinc tamen excipi debent loca, in quibus haeretici, cum catholicis permisti convivunt, ut in Germania, Gallia, Polonia, in iis enim ex consuetudine recepta et tolerata, licent conjugia catholicae personae cum haeretica, dummodo catholicae libere permittatur, et absque perversionis periculo in fide permanere. Quia ea conjugia ineuntur instar aliorum contractuum civilium ob amicitiae leges, et ad communem pacem, et reipublicae tranquillitatem tuendam.

Hiernach ist für die Beruhigung der Gemüther gesorgt.

Anhang,

enthaltend

die

Meinungen des berühmtesten katholischen Eherechts-Lehrers T. Sanchez über verschieden verwickelte Fälle, welche dem geistlichen und weltlichen Rathgeber, dem Beicht-Vater sowohl als dem Rechts-Gelehrten vorkommen können.

Wir haben bei den folgenden Materien dem berühmten Sanchez folgen müssen, weil er der ausgezeichnetste Lehrer des Kirchen-Eherechts ist, und überall in dem größten Ansehen gestanden hat. Wir könnten eine Menge der ausdrücklichsten Zeugnisse über die Gediegenheit seiner Ansichten anführen, womit die Kirche stets sein berühmtes Werk ausgezeichnet hat. Allein wir können uns dessen enthalten, da sein Nahme in der ganzen Christenheit ohnehin rühmlich genug bekannt ist.

Sanchez de matrim. II. Buch. De matrimonii Essentia.

Disputatio 10.

§. 6. Wenn jemand eine Ehe eingehen wollte, mit der Absicht, das Sacrament davon zu trennen, so würde die Ehe dennoch als Sacrament bestehen.

Disputat. 11.

§. 20. Es ist darüber viel Streit gewesen, ob eine durch Procuratoren eingegangene Ehe nur ein Contrakt oder ein Sacrament wäre, allein sie ist wirklich ein Sacrament. Denn dies ist die allgemeine Praxis der Kirche, und dies Concilium Tridentinum steht dem nicht entgegen, da dies nur hauptsächlich die heimlichen Ehen verhindern will. Uebrigens ist es nicht nothwendig, daß die Prokuratoren der beiden Eheleute von verschiedenem Geschlechte sind.

§. 31. Dennoch wird es für rathsam gehalten, solche Ehen noch außerdem persönlich zu vollziehen, um alle Gewissens-Zweifel zu heben, indem hier das Verboth der Wiederholung der Sacramente nicht statt findet.

Disput. 14.

§. 2. Es ist viel Streit darüber gewesen, ob der Pabst das Sacrament der Ehe auflösen könne, die meisten Lehrer des Kirchenrechts haben dies verneint. Der Verfasser hält aber die Meinung derjenigen für wahrscheinlicher, welche dem Pabst diese Gewalt einräumen, wie dies auch mehrere Päbste gethan, als z. B. Martin 5, Eugen 4 nnd Gregor 13, so wie sie unbestritten von einem feierlichen Gelübde dispensiren können. Man muß nehmlich glauben, daß Christus seinen Statthalter zu Allem Gewalt gegeben hat, was zum Wohl der Kirche nothwendig ist; da nun bisweilen eine solche Auflösung der Ehe durch die Wohlfahrt der Kirche erforderlichen Falls nothwendig werden dürfte, so muß auch dazu der Pabst die Macht haben.

Disput. 21.

§. 1. Die fleischliche Vermischung findet nur dann statt, wenn bei dem Beischlaf der männliche Saamen in die weiblichen Schaamtheile sich ergossen hat, denn nur dadurch werden die Eheleute ein Leib, und nur dadurch wird die Ehe wirklich vollzogen.

§. 4. Die Ehe ist also nicht vollzogen, wenn das männliche Glied zwar in die Schaamtheile des Weibes eingedrungen ist, aber keine Ergießung des Saamens von seiner Seite erfolgt ist.

§. 8. Bei weltlichen Gerichten kann aber dieser Einwand nicht geglaubt werden. Denn der Mann würde Zeuge in seiner eigenen Sache seyn, und zwar gegen die Regel, indem die Ergießung des Saamens in einem solchen Falle gewöhnlich ist. Im Forum des Gewissens aber ist dieser Einwand von Gültigkeit.

§. 10. Es ist zur Vollziehung der Ehe hinreichend, wenn der männliche Saamen in die weibliche Schaam sich ergossen hat, wenn dies auch auf eine künstliche Weise ohne Durchbrechung der letztern geschehen seyn sollte (§. 1.). Der Ergießung des Saamens von weiblicher Seite bedarf es nicht; weil nach der Meinung der Aerzte der weibliche Saamen zur Kinder-Erzeugung nicht nothwendig ist.

§. 11. Dennoch scheint die Meinung wahrscheinlicher, daß auch die weibliche Saamen-Ergießung nothwendig, denn auch bei der heiligen Jungfrau muß Saamen vorhanden gewesen seyn, um einen Stoff zur Empfängniß Christi herzugeben, damit sie die wahre und natürliche Mutter Gottes würde; um so mehr, da auch ohne alle fleischliche Begierden sich der Saamen entwickeln kann.

Disput. 22.

§. 17. Wenn einem Weibe Gewalt angethan wird, so darf sie sich des männlichen Saamens, in dem Augenblick, da sie ihn empfangen, wieder entledigen; so wie jeder dem Diebe das gestohlne Gut als sein Eigenthum wieder entreißen kann, ehe er es in Sicherheit gebracht hat. Später aber darf es das Weib nicht mehr, weil anzunehmen, daß der Saamen schon von seinem bestimmten Orte Besitz genommen hat. Im ersten Augenblick aber ists erlaubt, denn ein Weib kann unbedenklich — wenn sie es vermag — während sie genothzüchtigt wird, zu jeder Zeit das männliche Glied herausziehen, selbst wenn eben die Ergießung des Saamens erfolgte, da sie nicht gehalten ist dies zu leiden. Sie kann daher: auch sobald die Ergießung des Saamens erfolgt ist, sich desselben entledigen, da derselbe noch nicht im ruhigen Besitz der weiblichen Schaam ist; so wie während des Akts der Ergießung selbst.

Sanchez. III. Buch. De Consensa clandestino.

Disput. 12.

§. 17. Wenn es nicht aus Verachtung der Kirchengebothe, oder zum öffentlichen Aergerniß geschieht; so ist es keine Todtsünde, wenn die Ehe vor der kirchlichen Einsegnung vollzogen worden ist; sondern nur eine verzeihliche Sünde (peccatum veniale). Auch kann es sogar manchmal rathsam seyn, wenn nehmlich die Enthaltsamkeit des Geschlechtstriebes in Gefahr käme.

Sanchez. VII. Buch. De impedimentis.

Disput. 13.

§. 18. Wenn bei einer Entführung der Schuldige den Beyschlaf hätte vollziehen können; aber aus Reue davon Abstand genommen hat: so findet bloß die außerordentliche Strafe der Entführung statt. Ist aber die Vollziehung des Beyschlafs nur deshalb unterblieben, weil der Entführer nicht zu seinem Zweck hat kommen können, so findet die ordentliche Strafe der Entführung eben so statt, als wenn der Beyschlaf wirklich vollzogen worden wäre.

§. 25. Wenn ein Weib einen Mann entführt; so kann nur eine außerordentliche Strafe statt finden, denn der Ruf eines entführten Mannes leidet dadurch nicht so sehr, wie der einer entführten Weibsperson.

Disput. 92.

§. 1. Das Unvermögen zum Beischlaf ist entweder natürlich oder zufällig, bleibend oder vorübergehend. Bei dem Manne äußert es sich gewöhnlich als Frigiditas, und bei dem Weibe durch zu enge Beschaffenheit der weiblichen Geschlechtstheile. Die erstere, die Unempfänglichkeit für den Geschlechtstrieb bei dem Weibe, macht kein solches Hinderniß, daß die Ehe dadurch nichtig wird, wie bei dem Manne; weil der Mann der handelnde, das Weib aber der leidende Theil ist. Dennoch haben auch manche Eherechts-Lehrer diese Unempfindlichkeit bei dem Weibe für ein Ehehinderniß erklärt. Allein in vorkommenden Fällen war es nicht leicht möglich den Beweis zu führen.

Das Unvermögen zum Beyschlaf ist oft verschieden von dem Unvermögen zur Kinderzeugung, Sterilitas.

Unvermögen wegen zu großer Hitze des Mannes, dürfte kaum ein bleibendes Ehehinderniß seyn.

§. 7. Zur Gültigkeit einer Ehe ist nicht allein nothwendig, das Vermögen des Mannes in das weibliche Glied einzudringen; sondern auch den Saamen in dasselbe zu ergießen. Denn wer zwar den Beyschlaf vollziehen kann, aber entweder gar keinen Saamen ergießt, oder ihn so schnell ergießt, daß er beständig wegen zu großer Hitze das weibliche Glied nicht erreichen kann, ist zur Ehe unfähig.

§. 9. Wenn das Weib zwar fähig ist, den Saamen des Mannes aufzunehmen, aber zur eignen Saamen-Ergießung unfähig ist, so ist unter den Eherechts-Lehrern streitig, ob eine solche Ehe gültig ist.

§. 10. Wenn der Mann auch nur zum Theil den Saamen in das weibliche Glied ergießen kann, so ist doch die Ehe gültig.

§. 11. Wenn das weibliche Glied so enge ist, daß es den Saamen nicht aufnehmen, auch mit künstlichen Mitteln nicht nachgeholfen werden kann, so ist das Weib zur Ehe untüchtig.

§. 14. Eunuchen, die nur einen Testikel haben, sind zur Ehe fähig, und manchmal stärker als wenn sie beide besäßen.

§. 15. Mehrere Lehrer haben behauptet, daß auch beider Testikeln beraubte Eunuchen, wenn sie nur Erectionen haben könnten, fähig zur Ehe wären. Besonders aber

§. 15. Wenn sie noch Saamen-Ergießungen haben könnten, so wie auch ganz unfruchtbare Frauen gültige Ehen eingehen könnten. Allein nach

§. 16. sind solche Ehen verbothen, selbst wenn mit Erectionen die Ergießung einer wäßrigen Feuchtigkeit verbunden ist, die aber nicht den wirklichen Saamen ersetzen kann.

§. 19. Keiner ist zu alt, als daß er nicht manchmal von Natur oder durch künstliche Mittel so erwärmt werden kann, um den Beyschlaf zu vollziehen.

§. 22. Dies ist bei alten Frauen noch weit mehr der Fall, da sie bloß den Saamen aufnehmen dürfen, wozu keine jugendliche Wärme nothwendig ist.

§. 26. Nach dem Gebrauch der Kirche ist Unfruchtbarkeit kein Ehehinderniß.

§. 28. Wenn das Weib ohne Lebensgefahr den Beyschlaf nicht erleiden kann, weil eine sich ereignende

Schwangerschaft ihr tödtlich werden muß: so wird eine solche Ehe für nichtig gehalten. Allein mit Unrecht. denn mit dem Alter stellt sich die Unfruchtbarkeit ein, und diese Lebensgefahr hört auf.

Disput. 93.

§. 1. Die Unfähigkeit kann oft auch nur in Ansehung einer gewissen Person statt finden, besonders wenn

§. 4. wegen übertriebener Größe des männlichen Gliedes der Beyschlaf nicht vollzogen werden kann mit der einen, während es mit einer andern möglich ist.

§. 5. Ein solcher kann einer reinen Jungfrau vielleicht nicht beiwohnen, wohl aber einer bereits entjungferten. Auch wegen zu großer Hitze kann ein anderer keiner reinen Jungfrau beiwohnen, weil er sofort bei der ersten Anstrengung den Saamen ergießt; welches jedoch nicht statt findet, wenn er einer entjungferten Person beiwohnt, wo er ohne alle Mühe in das weibliche Glied eindringen kann.

§. 15. Wenn eine relativ in Ansehung ihres Mannes zu enge Frau durch einen Einschnitt zum Beyschlaf mit ihrem Manne tüchtig gemacht werden kann, so ist die Ehe gültig. Allein sie ist dazu nicht verbunden; denn nur die mit dem männlichen Gliede (§. 12.) zu machende Oeffnung darf sie leiden, keineswegs aber eine künstliche wider ihren Willen durch Anwendung von Holz oder Eisen.

§. 20. Daraus folgt, daß, wenn selbst die Frau sich einer solchen Operation mit Lebensgefahr aussetzen wollte, der Mann darauf nicht warten darf, sondern durch Nichtigkeits-Erklärung der Ehe antragen kann.

§. 24. Wenn aber nur die Jungfrauschaft das einzige Hinderniß ist, und der Mann nur so wenig Wärme hat, daß sie lediglich zur Erection und zum ersten Angriff hinreicht, dann bald wieder nachläßt, und verraucht; so kann er wohl einer entjungferten Person beiwohnen, wo das jungfräuliche Hinderniß nicht entgegensteht: allein ehe dies überwunden wäre, würde jener schwache Funken vergehen, und die Kräfte des männlichen Gliedes sich wieder auflösen. Kann in einem solchen Falle dem Manne durch Medizin nachgeholfen werden, so ist die Ehe gültig.

§. 25. Die Jungfrau kann aber nicht gezwungen werden, ihr jungfräuliches Hinderniß durch einen Einschnitt wegräumen zu lassen. Auch bleibt die Ehe in Hinsicht ihrer gültig, denn dies ist ein natürliches Hinderniß, und liegt in keiner fehlerhaften, zu engen Beschaffenheit ihres Gliedes.

§. 29. Der Mann kann, wenn er nicht stark genug ist, bei bestehender Jungfrauschaft seiner Frau beizuwohnen, das jungfräuliche Hinderniß mit einem hölzernen oder eisernen Werkzeug, oder auch mit den Fingern hinwegräumen, und die Oeffnung so weit vergrößern, daß er den Beischlaf vollziehen kann. Allein er darf es nicht ohne kunstverständigen Rath und Hülfe, die vielleicht ein angenehmeres Mittel ausfinden könnte. Wenn ein Mann etwas dergleichen ohne den Arzt unternehmen will; so ist die Frau sofort von ihm zu trennen, und in Sicherheit zu bringen.

§. 32. Wenn die absolut zu enge Beschaffenheit des weiblichen Gliedes den Beischlaf hindert; so muß sich die Frau einer geringen Operation unterwerfen, denn

es

es ist ihre Schuld, da sie sich hätte früher vorsehen müssen. Allein zu einer gefährlichen Operation ist sie nicht verpflichtet.

§. 33. Wenn aber lediglich die Jungfrauschaft den Beischlaf hindert, so braucht die Frau sich keine künstliche Erweiterung gefallen zu lassen, um zum Beischlaf geschickt zu werden; selbst wenn es ohne alle Gefahr geschehen könnte; vielmehr bleibt die Ehe gültig, und es ist Sache des Mannes, weil sich bei ihm die Schuld findet, durch eigne künstliche Mittel nachzuhelfen.

§. 34. Dennoch glaubt der Verfasser, daß die Frau zu einer solchen leichten Operation verpflichtet ist, weil das Hinderniß eigentlich nicht in einem Mangel des Mannes, sondern nur in seiner Schwäche liegt. Denn wenn ein Mann zur Beiwohnung nur erregt werden könnte, wenn die Frau eine gewisse Stellung annähme, oder mit glänzenden Kleidern angethan wäre; so wäre die Frau unbedenklich zu dieser Stellung, oder zur Anlegung solcher Kleider, oder der Schminke verpflichtet, um der Schwäche des Mannes nachzuhelfen; ohnerachtet an ihr die Schuld nicht liegt. Eben so ist sie zur Hinwegräumung des jungfräulichen Hindernisses verpflichtet, dagegen wird eingewandt, daß die Aerzte sich vielleicht irren können, und der Mann selbst nach gemachter Operation den Beischlaf nicht vollziehen kann. Wenn nun dennoch die Nichtigkeits-Erklärung der Ehe erfolgen müßte, so wäre die Frau erfolglos und unnöthiger Weise verdorben, und könnte vielleicht keinen Mann mehr finden, da man nicht glauben würde, daß sie noch von keinem Manne berührt wäre. Allein dies wird dadurch widerlegt, daß die Unschuld der Frau genugsam aus der kirchlichen Nichtigkeits-Erklärung hervorgehen würde, welche wegen Unfähigkeit des Mannes erfolgt wäre, da sie einmal den Gebrauch ihres Körpers durch die Eingebung der Ehe ihrem Manne verstattet hätte; so müßte sie auch die Erfordernisse desselben erfüllen.

§. 35. Dennoch muß bei einer solchen Sache sehr vorsichtig verfahren werden. Der geistliche Richter muß sich überzeugen, daß der Mann wirklich zum Beischlaf mit Entjungferten fähig, und nicht von Natur kalt ist. Am besten kann dies bewiesen werden, wenn es der Mann beschwört, oder wenn solche Entjungferte beschwören, daß er wirklich mit ihnen den Beischlaf vollzogen hat, denn durch Augenzeugen kann eine solche Sache nicht füglich bewiesen werden.

Disput. 94.

§. 1. Durch Zauberei kann die Fähigkeit zum Beischlaf gehemmt werden.

§. 2. Dies geschieht häufiger bei den Männern, als bei den Frauen, bei diesen letztern geschieht es gewöhnlich nur durch vorgespiegelte Erscheinungen, daß nemlich z. E. das männliche Glied bei dem Versuch des Mannes ihnen so unförmlich vorkommt, daß sie zur Erleidung der Beiwohnung sich nicht bereden lassen wollen.

§. 5. Die Zeichen der Verzauberung ergeben sich an der äußeren Gestalt und Farbe des männlichen Gliedes, oder an der Wirkung, wenn Heilmittel zur Erregung des männlichen Gliedes bestimmt, diese nicht bewirken können; oder wenn der Mann keinen Trieb zum Beischlaf fühlt.

§. 6. Besonders aber wenn jemand bei gehöriger Erektion den Beischlaf vollziehen will, das männliche

Glied aber sofort einschrumpft, und dann wieder erregt wird, und bei dem zweiten Versuch wieder seine Kraft verliert, das kann aus natürlichen Ursachen nicht herkommen. Am gewöhnlichsten ist der Zauber nicht gegen alle gerichtet, sondern nur gegen einen; so daß der Mann in Ansehung seiner Frau bezaubert ist, aber die Begierde nach andren behält, nebst der Fähigkeit ihnen beizuwohnen.

§. 11. Wenn ein solcher Zauber (§. 4.) von demjenigen, der ihn angethan hat, durch erlaubte Mittel wieder aufgehoben werden kann; so giebt die Verzauberung keinen gültigen Grund zur Nichtigkeits-Erklärung der Ehe.

Disput. 95.

§. 6. Manche haben geglaubt, daß es erlaubt sey, den Zauberer um Wiederaufhebung des Zaubers zu bitten, allein der Verfasser ist in

§. 7. dagegen.

Disput. 96.

§. 3. Aber die Zeichen oder Mittel des Zaubers kann man zerstören.

Disput. 104.

§. 5. Die Bosheit ersetzt das Alter. Die Kirche erlaubt dem Manne die Ehe mit 14 und dem Weibe mit 12 Jahren, wenn sie aber früher die Zeugungsfähigkeit erlangen; so muß die Wahrheit der Erfahrung weichen.

§. 25. Diese frühzeitige Fähigkeit wird erkannt, wenn der Knabe einer andern beigewohnt hat, oder wenn das Mädchen schon einen andern Mann hat beiwohnen lassen. Denn wenn sie für einen dazu tüchtig waren, sind sie es auch für alle.

§. 26. Der Trieb zum Beischlaf läßt die Fähigkeit dazu voraussetzen.

§. 29. Auch aus andern Zeichen kann man die Fähigkeit zum Beischlaf bei Unmündigen entnehmen, und sie stellt sich früher ein bei solchen, welche eine gute und reiche Lebensart führen. Gregor führt ein Beispiel an, wo ein Knabe von 9 Jahren seine Amme geschwängert hatte.

§. 31. Aus der Oeffnung des jungfräulichen Hindernisses allein, kann die Fähigkeit zum Beischlaf nicht bewiesen werden, wenn das Mädchen nicht wenigstens 7 Jahr alt ist.

§. 32. Zur Untersuchung ob ein Mädchen zum Beischlaf fähig ist, reicht die Besichtigung der obern Theile des Körpers nichts hin, sondern die Schaamtheile müssen von erfahrenen Frauen untersucht werden; jedoch nur in Fällen, wo es die Wichtigkeit der Aufrechterhaltung einer Ehe erfordert.

§. 33. Wenn das Mädchen der wirklichen Reife noch nicht nahe ist, so reicht der Schwur des Mannes, den Beischlaf vollzogen zu haben, nicht hin; sondern der Beischlaf muß anderweit gültig bewiesen werden. Eben so muß ein Unmündiger, der mit einer Weibsperson den Beischlaf behauptet, dies genügend beweisen, und die Zerstörung der Jungfrauschaft beweist nur dann, wenn vorher bewiesen ist, daß ihm jene als Jungfrau übergeben war, und zur Zeit des vollzogenen Beischlafs sie es nicht mehr ist.

§. 34. Gewöhnlich zeigt der Eintritt der monatlichen Reinigung den Zeitpunkt, wenn das Weib die Fähigkeit zur Kinder-Erzeugung erlangt.

§. 35. Sobald der Knabe zur Saamens-Ergießung fähig ist, ist er es auch zur Kinder-Erzeugung.

§. 36. Der Haarwuchs an den Schaamtheilen eines Knaben, beweist nicht seine Fähigkeit zur Kinder-Erzeugung; denn nicht alle behaarten sind dazu fähig, noch alle unbehaarten unfähig.

Disput. 106.

§. 1. Ein Hermaphrodit ist nach dem Geschlecht zu beurtheilen, welches in ihm vorherrschend ist. Wenn aber kein Geschlecht vorherrschend ist; so kann er sein Geschlecht wählen.

§. 2. In zweifelhaften Fällen müssen erfahrene Frauen oder Aerzte die Geschlechtstheile untersuchen, am besten aber kann der Hermaphrodit selbst darüber urtheilen.

§. 3. Wenn kein Geschlecht vorherrscht, so scheint der Hermaphrodit unfähig zur Ehe.

§. 8. Bei völliger Gleichheit, und wenn der Hermaphrodit sich nicht eidlich zu einem Geschlecht verpflichtet hat, kann er erst als Mann, und wenn er Wittwer wird, als Frau heirathen.

Disput. 107.

§. 9. Wenn die Zeichen des Unvermögens ganz sicher sind, so darf nicht 3 Jahr gewartet werden, sondern der unvermögende Ehegatte ist durch Matronen oder Aerzte zu untersuchen, und wenn der Befund mit dem Eide des andern Ehegatten und 7 verwandten Eideshelfern übereinstimmt, dann kann die Nichtigkeits-Erklärung einer solchen Ehe sofort erfolgen.

§. 6. Wenn bei einem Mann zwar die Ergießung des Saamens erfolgen kann, allein das männliche Glied keine solche Erregbarkeit hat, um in die wirkliche Schaam einzudringen, und darin den Saamen zu ergießen; so ist ebenfalls gänzliches Unvermögen vorhanden.

§. 7. Die zu enge Beschaffenheit des weiblichen Gliedes ist nicht so leicht zu beurtheilen, denn Aerzte und erfahrene Frauen können irren; nur dann ist dies für gewiß anzunehmen, wenn jeder auf den ersten Anblick sich überzeugt, daß es zur Aufnahme irgend eines männlichen Gliedes unfähig ist.

Disput. 113.

§. 1. Diejenigen Frauen, welche zur Untersuchung einer Jungfrauschaft ausgesucht werden, müssen durchaus als ehrbar bekannt seyn.

§. 2. Nach der gemeinen Meinung aus der Parrochie selbst.

§. 3. Daß sie von Adel seyn müssen, wird nur von einigen behauptet.

§. 10. Sie müssen sorgfältig sich nicht allein durch Ansicht, sondern auch durch Befühlen überzeugen. Die Zeichen der Jungfrauschaft sind nemlich sehr schwierig. Wenn viele behaupten, daß eine Haut am Muttermunde den Eingang des Fingers in das weibliche Glied verhindere; so behaupten andre, daß diese Haut nur unter Tausenden einmal gefunden worden. Daß der Eingang in das weibliche Glied enge, ist ebenfalls kein sicheres Zeichen, denn dies kann durch Medizin *) hervorgebracht werden. Die Milch in den Brüsten ist ebenfalls kein sicheres Zeichen, da dies oft ohne Schwangerschaft statt findet, und man schon bei Männern Milch in der Brust

*) Vinaigre virginal.

gefunden hat. Auch kann bei erhaltener Jungfrauschaft eine Schwangerschaft statt finden, indem die Gebärmutter den in der Nähe des weiblichen Gliedes ergossenen Saamen anzieht.

§. 11. Bei einer solchen Untersuchung ist es gut, wenn die zu Untersuchende erst in ein Bad gebracht, und überhaupt die Sache so lange verzögert wird, um die etwanige Wieder-Auflösung eines Leimes, oder jeglicher Hülfsmittel, um die weibliche Schaam zu verengen, abzuwarten.

§. 21. Der Ehrbarkeit wegen werden zwar gewöhnlich zur Besichtigung von Weibern, ehrbare Frauen zugezogen, allein da ihnen meist die erforderliche Kenntniß mangelt, sind lieber Aerzte zuzuziehen, indem die Wichtigkeit der Sache die Schaam überwiegt. So wie die Aerzte ohnehin in Krankheits-Fällen angewendet werden müssen.

Sanchez VIII. Conf. de dispensationibus.

Disput. 1.

§. 1. Kann der Pabst von Ehehindernissen dispensiren, die nach göttlichen Gesetzen und natürlichem Recht eine Ehe nichtig machen? oder lediglich von solchen, die diese Wirkung nach pábstlichem Recht haben?

§. 3. Einige behaupten, der Pabst könne von allen göttlichen Gesetzen dispensiren, ausgenommen von Glaubens-Artikeln.

§. 4. Andere behaupten, er könne zwar eigentlich nicht von göttlichen Gesetzen dispensiren; aber doch dieselben so auslegen, daß sie in einem bestimmten Falle nicht verbindlich sind.

§. 5. Oder endlich — was noch am meisten anzunehmen — lehren, daß der Pabst wirklich in einzelnen Fällen, wegen wichtiger Ursachen, von den göttlichen Gesetzen dispensiren könne; indem er deren Wirkung aufhebe. Dies kommt ihm aus göttlichem Auftrage zu. Hierdurch handelt er der göttlichen Autorität nicht entgegen aus eigner Macht; sondern er handelt nach dem stillschweigend und mit Recht vorausgesetzten Willen Gottes.

§. 10. Manche behaupten, daß es Fälle geben könne, wo der Pabst die Ehe zwischen Geschwistern, und zwischen As- und Descendenten erlauben dürfe; allein

§. 12. in diesen beiden Fällen steht das Naturrecht entgegen, und kann daher der Pabst, nach der Meinung des Verfassers, solche Ehen nicht genehmigen. Allein von allen andern Verwandtschafts-Graden kann er dispensiren.

Disput. 25.

§. 10. Bei dem Dispensations-Gesuch darf der Beischlaf nicht angegeben werden, wenn er nicht ganz vollzogen worden. Wenn der Mann zwar in das weibliche Glied eingedrungen ist, aber den Saamen nicht darin ergossen hat. Denn dies ist keine wahre fleischliche Vermischung gewesen; sondern nur einer andern unzüchtigen Berührung gleich zu achten. Ein totaler Incest findet dann statt, wenn beiden die verbotenen Verwandtschafts-Grade bekannt waren.

Sanchez Buch IX. De actu conjuguli.

Disput. 2.

§. 1. Bei dem Beischlaf ist der Mann der handelnde, das Weib der leidende Theil. Beide aber sind gleich im Verlangen und Leisten der ehelichen Pflicht.

§. 3. Ein Ehegatte ist dem andern zur Leistung der ehelichen Pflicht verbunden, er mag sie mit Worten oder Werken verlangen.

§. 4. Man nimmt aber an, daß eine Frau die eheliche Pflicht verlangt, wenn der Mann an gewissen Merkmalen wahrnimmt, daß die Frau den Willen hat, sie zu verlangen, und nur aus Schaam das Verlangen nicht wörtlich äußert; wie dies bei Weibern gewöhnlich ist.

§. 5. Eben dasselbe findet bei der Frau in Ansehung des Mannes statt, wenn er Anstand nehmen sollte, sein Verlangen zu äußern. Doch meist kann die Frau das ausdrückliche Verlangen des Mannes abwarten, weil sich die Männer gewöhnlich nicht schämen, ihre Forderung mit ausdrücklichen Worten zu äußern.

§. 6. Wenn ein Ehegatte bei dem andern — selbst wenn er den Beischlaf nicht verlangt — die Gefahr der Unenthaltsamkeit fürchtet, so muß er ihm mit dem Anerbieten der Beiwohnung zu Hülfe kommen.

§. 9. Es ist eine Todtsünde, die eheliche Pflicht auf ausdrückliches oder stillschweigendes Verlangen nicht zu leisten.

§. 11. Wenn aber ein Mann gewöhnlich 4 mal des Monats, die Leistung der ehelichen Pflicht fordert, und die Frau verweigert sie das 5te mal, so ist dies keine Todtsünde.

§. 12. Wenn der eine im Verlangen unmäßig ist, kann der andere nur mäßig bewilligen. Denn der Mann, der zu häufig beiwohnt, wird früher alt, und von Tage zu Tage unfähiger zum Beischlaf.

Disput. 3.

§. 1. Wenn ein Mann durch den vorhergehenden Beischlaf unfähig geworden ist, die eheliche Pflicht sofort noch einmal zu erfüllen; so hat die Frau nicht das Recht mehr zu verlangen, denn zu etwas Unmöglichem ist niemand verpflichtet.

§. 2. Wer sich wissentlich unfähig macht, durch Medizin u. s. w., begeht eine Todtsünde.

§. 3. Eben so der es thut durch Selbstbefleckung, oder durch Beischlaf mit andern.

§. 5. Das Fasten ist nicht so sehr auszudehnen, daß es dem Manne zur Beiwohnung zu sehr schwächt, noch darf sich die Frau dadurch nicht so häßlich machen, daß sie dem Manne verhaßt wird.

§. 8. Zu künstlichen Mitteln, um sich zum Beischlaf fähiger zu machen, ist der Mann nicht verpflichtet.

§. 9. Kein Ehegatte darf ohne des andern Einwilligung geistliche Kleidung anlegen, weil dies dem andern einen Abscheu einflößen, und ihn von dem Beischlaf abhalten könnte.

Disput. 8.

§. 1. Die eheliche Beiwohnung muß geschehen, entweder um Kinder zu zeugen, als auch um die eheliche Pflicht zu erfüllen.

§. 3. Doch ist es nicht nothwendig, bei dem Beischlaf selbst, sich dieses Zweckes bewußt zu seyn; sondern es ist genug, wenn es nur diesem Zweck gemäß geschieht.

Disput. 9.

§. 1. Es ist erlaubt den Beischlaf deshalb zu vollziehen, um bei dem andern die Unenthaltsamkeit zu vermeiden.

§. 4. Auch wegen der eigenen Unenthaltsamkeit ist es erlaubt, wenn durch andre erlaubte Mittel die Begierde der Sinnlichkeit nicht unterdrückt werden kann.

Disput. 10.

§. 3. Der eignen Gesundheit wegen ehelich beizuwohnen, ist erlaubt.

Disput. 11.

§. 3. Die eheliche Beiwohnung wird Sünde, wenn die Wollust die Grenzen der Ehe übersteigt, d. i. wenn der eine Theil so wollüstig ist, daß er sich dem andern Theil mit derselben Begier nähert, als wenn es nicht der andere Ehegatte wäre.

§. 4. Werden aber diese Grenzen nicht überschritten, so ist die eheliche Beiwohnung aus Wollust eine verzeihliche Sünde.

Disput. 13.

§. 2. Viele haben behauptet, nach vollzogener ehelicher Beiwohnung dürfe man nicht zum Abendmahl gehen.

§. 5. Allein wenn es lediglich der Kinder-Erzeugung wegen geschehen ist, ist es keine Sünde; doch ist es unschicklich (§. 4.)

§. 14. Manche fordern auch noch hernach eine Enthaltsamkeit von 24 Stunden.

§. 17. Doch scheint es nicht nothwendig zu seyn, eine gewisse Zeit vorzuschreiben.

Disput. 15.

§. 1. Die eheliche Beiwohnung an öffentlichen Orten ist Sünde; wenn auch die Turnelupiner ketzerisch behaupteten, was natürlich sey, darüber dürfe man nicht erröthen.

§. 2. Auch bloße Berührungen werden unerlaubt, wenn andere dadurch zur Wollust verleitet werden können, und es solche reizbare Personen sind.

§. 4. In einer Kirche Blut und Saamen zu vergießen, ist Sünde.

§. 11. Manche halten den Beischlaf in der Kirche nicht für Sünde, wenn er heimlich geschehen ist.

§. 12. Wann Eheleute aber lange in einer Kirche eingesperrt sind, so ist der Beischlaf erlaubt, um unfreiwillige Saamenergießungen zu vermeiden; dies entheiligt die Kirche nicht.

§. 21. Auch bloße unkeusche Berührungen nicht, wenn die Gefahr der Saamenergießung damit nicht verbunden ist.

§. 30. Ein Kirchthurm gehört nicht zu den heiligen Orten.

Disput. 16.

Ob durch die Art der Vollziehung des Beischlafs, oder die Lage bei demselben, die eheliche Beiwohnung sündhaft werden kann?

§. 1. Die gewöhnliche Lage ist, daß die Frau unter dem Manne eben liegt, weil diese Lage der Ergießung des männlichen Saamens am angemessensten ist, so wie der Aufnahme und Erhaltung in dem weiblichen Gliede. Auch ist diese Lage der Natur angemessen, da der Mann handelnd, die Frau aber leidend ist. Je mehr man daher sich bei der Vollziehung der Beiwohnung von dieser Lage entfernt, desto unnatürlicher ist dieselbe. Es ist deshalb weniger bedeutend, wenn Eheleute sich von der Seite, oder sitzend, oder stehend vermischen. Die nachtheiligste Art ist hiernach aber die, wenn dies von hinten,

ten, nach Art der Thiere, oder auf die Weise geschieht, daß der Mann unten, die Frau aber oben liegt. Viele halten alle diese ungewöhnlichen Arten für unnatürlich und sündlich, mehrere aber nur die letzten beiden.

§. 3. Obgleich Eheleute dafür ernstlich zu warnen sind; so ist dies doch keine Todsünde. Denn der männliche Saamen wird von der Gebärmutter nicht sowohl durch Eingießen, sondern durch Anziehen aufgenommen. Denn als eine Frau einst mit ihrem Vater in einem Bett schlief, zog sie den von ihm im Traum vergossenen Saamen dergestalt an, daß sie davon schwanger ward. Auch ist dies in Bädern vorgefallen, in denen bei Männern Saamenergießungen statt gefunden hatten. Wenn daher nur das natürliche Glied beibehalten wird; so ist keine Lage der Kinder-Erzeugung entgegen.

§. 6. Nur muß eine solche Art nicht gewählt werden, um die Kinder-Erzeugung zu verhindern, oder zu erschweren.

§. 7. Oft kann auch die körperliche Beschaffenheit eine solche Stellung oder Lage erfordern, als z. B. die Corpulenz eines Mannes, oder die Schwangerschaft einer Frau, um die Leibesfrucht nicht zu drücken.

§. 8. Es ist zweifelhaft, ob der Beischlaf versagt werden kann, wenn er auf eine solche Weise verlangt wird, doch nicht wahrscheinlich.

Disput. 17.

§. 2. Es bleibt stets eine Todsünde, wenn der Beischlaf mit Verlassung des natürlichen weiblichen Gliedes auf eine andere unnatürliche Art vollzogen, oder auch nur zu vollziehen versucht wird. Dies ist Sodomie, und steht dem Zweck der Beiwohnung, der Kinder-Erzeugung, entgegen.

§. 3. Manche nehmen an, daß blos der verlangende, nicht der leidende Theil sündigt, weil die Frau nicht Gewalt über ihren Körper hat. Allein die Frau darf nie eine sodomitische Beiwohnung zugeben. Denn der Mann hat nur das Recht zur ehelichen Beiwohnung. Jedoch ist die Frau ohne Schuld, wenn der Mann bei dem gewöhnlichen Beischlaf das männliche Glied zurückzuziehen pflegt, um den Saamen außer dem wirklichen Gliede zu ergießen; und sie den Beischlaf verstattet, wenn sie nur nicht in die Zurückziehung des Gliedes willigt.

§. 4. Uebrigens ist es nach der Meinung Mehrerer keine Todsünde, wenn der Mann, um sich zum naturgemäßen Beischlaf zu reitzen, oder der größern Wollust wegen, eine sodomitische Art der Beiwohnung anfängt; wenn er nur nicht den Willen hat, sie zu vollenden, noch Gefahr der Saamen-Ergießung außer dem weiblichen Gliede vorhanden ist. Was die Eheleute auch thun mögen, wenn der Saamen nur nicht außer dem natürlichen weiblichen Gliede vergossen wird, ist keine Todsünde. Diese Berührungen sind wie andere Berührungen des männlichen Gliedes mit den Händen oder den Schenkeln der Frau zu betrachten, welche auf die Beiwohnung Bezug haben können, indem sie dazu anreizen, und dazu geschickter machen, indem dies Vergnügen die Sinne reitzt, wie andere Berührungen.

§. 5. Allein der wirkliche Anfang der eigentlichen Sodomie ist sündlich; denn es ist ein unangemessenes Mittel die Wollust zu reitzen. Wenn der Mann aber nur vase propostero uxoris refricaret sua verenda, vel in os ejus intromitteret, cessante omni pollutionis periculo, non crederem esse lethale *). Denn der Mund ist nicht das gewöhnliche Werkzeug der Sodomie, und wenn in das zur Sodomie bestimmte Glied das männliche Glied nicht eingebracht worden, sondern nur die äußere Oberfläche berührt hat, so kann man dies nur für gewöhnliche anderweite Berührungen halten, die unter Eheleuten verzeihlich sind.

§ 6. Wenn der eine Ehegatte während der Beiwohnung sich durch das Andenken an einen andern sinnlich geliebten Mann oder Weib ergötzt, so ist dies eine Todsünde, wenn dies aber blos geschieht, um an die Schönheit eines solchen Gegenstandes zu denken, so hat es nicht mehr auf sich, als wenn man an einen schönen Baum, oder andere Gegenstände dächte. Doch ist davon wegen zu befürchtender Gefahr sehr abzurathen.

§. 7. Wenn die Eheleute absichtlich dahin wirken, daß die Ergießung des Saamens nicht zugleich geschieht, so begehen sie eine Todsünde.

§. 8. Es ist daher dem Ehegatten, der gewöhnlich damit später kommt, zu rathen, sich vor der Beiwohnung zu reitzen, damit dann zu gleicher Zeit die Ergießung des Saamens gegenseitig erfolgen kann.

§. 9. Da der Saamen des Weibes zur Kinder-Erzeugung nicht nothwendig ist, so hat der Mann, wenn sich sein Saamen ergießt, nicht nothwendig, die Ergießung des weiblichen Saamens zu erwarten.

---

*) Wir haben uns nicht getraut, diese Stelle ins Deutsche zu übersetzen, so wie noch einige folgende.

§. 10. Es ist daher keine Todsünde, wenn sich ein Mann vorher durch Berührungen anreizt, wenn er auch weiß, daß bei ihm die Ergießung des Saamens früher erfolgen wird, als bei dem Weibe.

§. 11. Merito fas est, copulam continuare, ubi ipse semen effudit, donec femina seminet.

§. 12. Gravius dubium est; an ubi vir semine intra vac emisso membrum virile extraxit, liceat feminae, quae nondum effudit, tactibus se excitare, donec seminet. Viele halten dies für unerlaubt, weil der weibliche Saamen zur Erzeugung nicht nothwendig ist; allein es ist erlaubt; denn durch diese eigene absichtliche Reizung des Weibes wird der Beischlaf erst vollzogen. Im Gegentheil würden die Weiber großer Gefahr ausgesetzt seyn. Denn da die Männer gewöhnlich früher den Saamen ergießen, und das männliche Glied zurückziehen; so würde die Begierde des Weibes ungestillt bleiben. Daß der männliche Saamen nicht verdirbt, wird aus folgendem Vorfall bewiesen: duabus coeuntibus feminis, altera conjugata, quae proxime virile semen receperat incubanti, uterum alterius succubae attraxisse virile illud semen concepisseque.

§. 15. Eine freiwillige Ergießung des Saamens, außer in das weibliche Glied, ist eine Todsünde. Eben das findet bei einer freiwilligen Selbstbefleckung des Weibes statt.

§. 16. So wie es erlaubt ist, zur Erhaltung des Lebens ein Glied zu zerstören, oder selbst die Leibesfrucht; so kann es auch Fälle geben, sollte man glauben, wo es zulässig ist, eine freiwillige Ergießung des Saamens zu befördern, ohne den Zweck der Kinder-Erzeugung (procreare pollutionem). Allein dies ist nie erlaubt, ob vehementem delectationem; denn es ist gegen die Natur. Quia minus inordinarius est usus feminis in forricatione, quam in pollutione.

§. 17. Hieraus folgt, daß es nicht erlaubt ist, zur Saamens-Ergießung mitzuwirken, wenn er auch schon aus den Lenden getreten ist. Wenn aber die Ergießung des Saamens, die im Schlaf oder sonst unfreiwillig angefangen hat, im natürlichen Laufe ist, so darf man sie, wegen Gefahr der Schädlichkeit, nicht verhindern; cessanti periculo consensus in delectationem. Denn dies ist kein Herbeiführen, sondern bloßes Erleiden. Vielmehr ist es gut, mit ruhigen Händen, ohne irgend wohin zu fühlen, sich mit dem Zeichen des Kreuzes zu versehen, und inbrünstig beten, daß man nicht in diese Wollust verfalle. Dies ist auch zu beobachten, wenn die Ergießung durch eigene Schuld angefangen hat, und man Reue empfindet; indem Verhinderung der Gesundheit schädlich ist.

§. 19. Wenn verdorbener männlicher Saamen der Gesundheit des Weibes schädlich ist; so kann sie confricationibus partium occultarum et intermissione digitorum usque ad os uteri quo virtus expulsiva provocetur semen illud expellere, selbst wenn dies auch bei ihr eine Ergießung des Saamens zur Folge haben möchte.

§. 20. Wenn wegen Kränklichkeit des Mannes, oder zu enger Beschaffenheit des Weibes es nicht möglich ist, ihr den Saamen beizubringen; so ist jede Beiwohnung unerlaubt; aber nicht, so lange es nur zweifelhaft ist.

§. 21. Doch auch selbst bei der Unmöglichkeit des Beischlafes sind den Eheleuten Berührungen erlaubt, ad concupiscentiam carnis sedandam, et ad amoris mutui signa probanda, doch muß es ohne Gefahr der Saamensergießung geschehen.

§. 24. Wenn aber eine Frau den Saamen nicht bei sich behalten kann, so schadet dies der Gültigkeit der Ehe nichts, denn diese erfordert nur die Beiwohnung auf dem gewöhnlichen Wege, und die Annahme des Saamens auf die erlaubte Weise, wenn derselbe auch durch Zufall wieder entfernt wird.

Disputat. 18.

§. 1. Es ist viel Streit darüber gewesen, ob es eine größere Sünde ist, wenn jemand seiner eignen Frau auf eine unnatürliche Weise beiwohnt, oder einer andern unverheuratheten, oder selbst verheuratheten Person.

§. 2. Ein solcher Mißbrauch seiner eignen Frau selbst mit ihrer eignen Einwilligung ist ein Ehebruch, der an ihr begangen wird.

§. 3. Unter Unverheiratheten ist dies nur ein einfaches Verbrechen gegen die Natur, unter Eheleuten aber gar ein Ehebruch.

§. 4. Beide Ehegatten begehen dasselbe Verbrechen. Denn alles, wozu der Körper nicht gegenseitig durch die Ehe übergeben ist, ist ein Ehebruch, da einer dem andern seinen Körper keusch und rein erhalten muß.

§. 5. Wenn dies alles bei dem Wiederstreben des andern Ehegatten geschehen ist; so ist dies eine Art der gewaltsamen Entführung, verbunden mit dem Ehebruch.

Sanchez. IX. Buch.

Disput. 19.

Ob es eine Todsünde ist, wenn bei angefangenem Beyschlaf damit aufgehört wird, ehe die Ergießung des Saamens erfolgt ist; besonders aber, wenn die Ergießung des Saamens schon bei dem einen Theile geschahe.

§. 1. Manche behaupten, der Mann könne sich, nach Ergießung des weiblichen Saamens, zurückziehen, ohne daß bei ihm eine solche erfolgte. Allein dies ist eine Todsünde.

§. 3. Wenn beide nicht in Gefahr der Saamenergießung sind, können sie den angefangnen Beischlaf abbrechen, denn es wird dies als gewöhnliche Berührung der Schaamtheile angesehen, was unter Eheleuten erlaubt ist. So wie nehmlich Eheleute sich der Beiwohnung und Kindererzeugung ganz enthalten können, so können sie auch den angefangnen Beischlaf wieder einstellen, wenn nur der Saamen nicht verlohren geht.

§. 5. Wenn die Frau nach der Saamensergießung des Mannes vom Beischlaf absteht, und ihre eigne Saamensergießung verhindert, so ist dieß wenigstens keine Todsünde, weil der weibliche Saamen zur Kinder-Erzeugung nicht unumgänglich nothwendig ist.

§. 6. Wenn dem Manne aber eine große Gefahr bevorstände, z. B. der Feind käme, oder ein wildes Thier, so konnte er von dem Beischlafe abstehen, sogar wenn auch nur jemand die Eheleute überraschte, selbst wenn er schon so sehr gereizt wäre, daß er gewahr würde, wie gegen seinen Willen die Ergießung des Saamens außer dem weiblichen Gliede erfolgte.

§. 7. Bei dem außerehelichen Beischlaf darf kein Theil mehr von dem Beischlaf abstehen, wenn bei dem andern Theile schon die Ergießung des Saamens erfolgt ist, denn dies wäre ein Verbrechen gegen die Natur, und ein größeres Verbrechen als der bloße Beischlaf. Wenn aber noch von keinem Theile die Ergießung des Saamens erfolgt war, so kann der Mann sich entziehen, selbst wenn bei ihm gegen seinen Willen nachher die Saamens-Ergießung erfolgt. Eben so auch das Weib, wenn dies auch bei dem Manne dieselbe Folge hat.

Disput. 20.

§. 3. Eine Frau, welche sogleich nach dem Beischlaf das Wasser läßt, oder sich aufrichtet, oder etwas andres thut, um den empfangenen männlichen Saamen zu entfernen, begeht eine Todsünde, eben so als wenn sie einen abtreibenden Trank zu sich nähme (§. 2.).

§. 9. Wenn die Mutter von gewisser Todes-Gefahr gerettet werden kann, dann ist es erlaubt, eine noch nicht lebende Frucht abzutreiben, weil sie als ein Theil der Eingeweide angesehen wird.

§. 14. Wenn es wahrscheinlich, daß die Leibesfrucht schon belebt ist; so darf der Arzt keine Mittel anwenden, die bloß zur Zerstöhrung derselben bestimmt sind. Allein er kann andre Heilmittel zur Erhaltung der Mutter anwenden, wenn auch damit die Gefahr eines Abortus verbunden wäre.

Disput. 21.

§. 7. Wenn es auch unschicklich ist, zum Zweck der monatlichen Reinigung den Beischlaf zu vollziehen, so ist es doch keine Todsünde wie man sonst annahm,

da

da man glaubte, daß die Aussätzigen aus einem solchen Beischlaf entständen.

§. 15. Wenn der Mann zu dieser Zeit die Beiwohnung verlangt, so ist die Frau dazu verpflichtet, nachdem sie den Mann fruchtlos gewarnt hat.

Disput. 22.

§. 3. Es ist keine Sünde, zur Zeit der Schwangerschaft den Beyschlaf zu vollziehen; wie manche geglaubt haben, indem die Ehe nicht bloß zur Kinder-Erzeugung, sondern auch zur Befriedigung des Geschlechts-Triebes angeordnet ist.

§. 11. Auch darf nach der Geburt nicht erst die monatliche Reinigung abgewartet werden.

§. 14. Eben so wenig während der Zeit, daß die Mutter dem Kinde die Brust reicht.

Disput. 44.

§. 4. Das Andenken an das Vergnügen der ehelichen Beiwohnung, wenn Eheleute entfernt oder verhindert sind, den Beyschlaf zu vollziehen, ist keine Todtsünde, selbst wenn es die Anreitzung und Erregung der Geschlechts-Theile zur Folge hat, wenn nur keine Gefahr der Saamensergießung vorhanden ist, weil dies

§. 5. auf die eheliche Beiwohnung, die erlaubt ist, sich richtet.

§. 7. Einer Wittwe ist dies aber nicht erlaubt, weil diese einen Beischlaf nicht vollziehen kann, auf den eine solche Sinnlichkeit gerichtet ist.

§. 8. Berührungen, Anschauungen und Reden, welche sonst die Schaamhaftigkeit beleidigen würden, sind unter Eheleuten verzeihlich, wenn sie blos Vorbereitung zur ehelichen Beiwohnung sind.

§. 9. Oder wenn sie während des Beischlafs nur zur Vermehrung des wollüstigen Gefühls dienen; oder

§. 10. wenn sie nur zum Beweise der gegenseitigen Liebe dienen sollen; selbst wenn

§. 11. dies ohne die Absicht der Beiwohnung und nur aus Sinnlichkeit geschieht.

§. 16. Eben so verzeihlich ist es, wenn ein Ehegatte sich selbst berührt, zwar der Sinnlichkeit wegen, aber ohne Gefahr der Selbstbefleckung, da sich diese Sinnlichkeit auf das erlaubte eheliche Verhältniß bezieht.

§. 17. Dasselbe ist auch der Fall, wenn der Mann sich berührt, wohl wissend, daß bei ihm dann die Ergießung des Saamens früher erfolgen wird als bei dem Weibe.

Disput. 45.

§. 2. Aus den Geschlechts-Theilen pflegt außer dem Urin, und dem Saamen noch eine dritte Feuchtigkeit zu fließen, welche zwar dem Saamen an Farbe gleich kommt, aber weniger dick ist, leichter und in geringerer Quantität fließt, auch nicht mit so starker Bewegung der Sinnlichkeit verbunden ist, bisweilen auch ganz unmerklich abgeht. Dies wird gewöhnlich Distillatio genannt. Aber auch diese darf niemand freiwillig herbeiführen.

Wenn eine Pollution oder Distillation gegen den Willen dessen erfolgt, der zu einem Geschäft verpflichtet ist, oder etwas thut das ihm sonst zuträglich ist, der ist schuldlos, und ist nicht verpflichtet, dies zu unterlassen. Z. B. wenn das Anhören der Beichte über solche Gegenstände diesen Erfolg hat. Conf. Cajetan opusc. Tom. I. Tract. 22. de pollutione ex auditu confessionis. Philiarchus de officio sacerdot. Tom. 1. p. 2. lib. 4. cap. 18.

§. 8. Oder der Arzt beim Anblick, oder der nothwendigen Berührung der weiblichen Schaamtheile.

§. 9. Idem si ex refricatione partium verendarum ad sedandum pruritum, vel ex mundatione sanguinis menstrui.

Disput. 46.

§. 11. Es ist eine Todsünde, auch nur aus Neugier die Schaamtheile eines Weibes anzusehen, noch mehr aber sie anzufühlen, weil dies Letztere zur Wollust führt.

§. 12. Dies ist aber bei Personen desselben Geschlechts noch schlimmer.

§. 15. Die Geschlechts-Theile eines Thieres zu berühren, um eine Saamens-Ergießung zu bewürken, kann nicht für eine Todsünde gehalten werden.

§. 29. Es ist Todsünde, dem Beischlaf von Eheleuten zuzusehen, weil dies die Sinnlichkeit mehr als den Anblick eines nackten Weibes reizt.

§. 48. Unter Verlobten sind Küsse und Berührungen, welche nicht gegen die Schaamhaftigkeit sind, erlaubt.

§. 52. Keineswegen aber unschaamhafte Berührungen.

Disput. 47.

§. 4. Eine förmliche Vorstellung der künftigen ehelichen Freuden unter Verlobten, ist unerlaubt.

§. 7. Eben so, wenn eine Wittwe sich der Freuden des Ehestandes mit Sinnlichkeit erinnert.

Sanchez. X. Buch. De diventio.

Disput. 4.

§. 4. Sodomie ist ein gültiger Ehescheidungs-Grund, wenn sich auch nur der eine Ehegatte dazu hat mißbrauchen lassen, und er mithin keine Saamens-Ergießung gehabt hat.

§. 5. Auch kann zwischen zwei Weibern Sodomie getrieben werden, quando medio aliquo instrumento, aut ligneo aut ferreo, vel absque illo, semen immitteretur in vas naturale aut praeposterum feminae.

§. 7. Eben so wenn der Mann mit der eignen Frau Sodomie treibt.

§. 9. Streitig ist es, ob eine Pollutio extraordinaria habita cum tertia persona hinreicht. Manche halten dies dafür, weil es eine Verschwendung des Saamens ist, welcher dem andern Ehegatten gebührt.

§. 10. Auch bei der Selbstbefleckung sind die Meinungen getheilt.

§. 13. Wenn bei dem natürlichen Beischlaf des Ehebrechers, oder bei der Sodomie das Glied schon eingebracht gewesen ist, aber noch keine Saamens-Ergießung erfolgt ist, so ist kein gültiger Ehescheidungs-Grund vorhanden. Wenn aber ohne das Eindringen in die vordere oder hintere Oeffnung der Saamen eingebracht worden; so ist das Verbrechen demnach consumirt.

§. 14. Ob Sodomie mit einem Thiere hinreicht, ist streitig. Dagegen kann als gültige Ehescheidungs-Ursache nicht angesehen werden, wenn mit einem todten Weibe, oder Thiere der Beischlaf vollzogen wird. Oder wenn ein Mann im Bade eine Saamens-Ergießung bewürkt, und derselbe von einem ebenfalls badenden Weibe angezogen wird.

Disput. 5.

§. 5. Wenn die Frau zum Ehebruch verleitet worden, weil ihr der Mann die eheliche Pflicht versagte, so ist kein gültiger Ehescheidungs-Grund vorhanden.

§. 13. Eben so wenn sie genothzüchtigt worden.

§. 17. Auch wenn sie geglaubt hat, daß ihr Mann ihr beiwohne.

Disput. 6.

§. 1. Gegenseitiger Ehebruch hebt den Grund der Ehescheidung auf.

Disput. 14.

§. 6. Die Vollziehung des Beischlafs nach erfahrnem Ehebruch des andern Ehegatten wird als stillschweigendes Verzeihen angesehen.

Kolibri 360 GmbH
Ferdinand-Jühlke-Straße 7
99095 Erfurt, Deutschland
produktsicherheit@kolibri360.de